犬たちの江戸時代

仁科邦男

草思社文庫

はじめに

「鹿政談《しかせいだん》」という落語がある。

名人、六代目三遊亭円生《えんしょう》が得意にしていた。

その昔、奈良の興福寺《こうふくじ》では鹿を殺すと、石子《いしこ》詰めの刑になった。生きたまま穴に埋められる極刑だ。奈良の豆腐屋が商売物のおからを食べている犬に薪《まき》を投げ付けると、これが急所に当たり犬は倒れて死んだ。よく見れば、犬と思ったのが鹿だった。豆腐屋は鹿を殺したと正直に述べるが、奈良奉行《ぶぎょう》は「鹿ではない。犬であろう」といいくるめ、命を救う。

「鹿政談」の枕で円生が「武士・鰹《かつお》・大名小路《だいみょうこうじ》・生鰯《なまいわし》・茶店・紫（染物）・火消・錦絵、このほかまだ追加がありまして、火事・喧嘩、伊勢屋稲荷《いせやいなり》に犬の糞《くそ》……」と江戸の名物を挙げていた。

伊勢屋稲荷に犬の糞――国語辞典には、江戸に多いものを並べた言葉だと記されている。間違いではないだろうが、釈然としない。「伊勢屋稲荷に犬の糞」は江戸の「伊勢屋」や「稲荷」を論じる時にしばしば引用されるが、何でも自慢したがる江戸っ子が「伊勢屋稲荷に犬の糞」などと進んで口にするだろうか。

犬についての史資料は断片的なものしか残っていない。その断片を集めて得た私の結論は簡単なものだった。「江戸では、そんなことはいわなかった」のである。

理想的なリサイクル都市として江戸の評価は高い。人糞は野菜作りの肥料として売られ、道に落ちた馬糞、牛糞も肥料にするため回収された。木切れ、布きれ、紙くず……ほとんどのものがリサイクルに回され、ごみの少ない町ができあがった。ところが江戸の町には犬の糞がごろごろ転がっていた。なぜ犬の糞は回収されずに放っておかれたのか。その理由は、これから詳しく論じることになる。嫌われものの犬の糞だが、江戸の町のごみ処理問題で実は多大な貢献をしていたことも明らかにされるだろう。回収日も定かではない江戸の町の生ごみ、魚のアラなどは残飯として犬たちに与えられ、そのことによって江戸の町は生ごみの腐敗や悪臭から解放されていたのである。

犬死《いぬじに》、犬侍《いぬざむらい》、犬畜生、幕府の犬に犬の糞。犬のつく言葉はたいていよくないことばかりだ。なぜ犬はよくいわれないのか。それは犬という生き物の不徳の致すところなのか、それとも人間による身勝手なレッテル張りなのか。

人の世のうつろいに巻き込まれ、犬たちの有為転変は激しい。

江戸の初め、犬は次々に食われていた。

江戸時代初期の軍学者・大道寺友山《だいどうじゆうざん》は「我らが若きころまでは、ご当地（江戸）の町方には、犬と申すものをほとんど見かけなかった。見かけ次第打ち殺し、賞玩《しょうがん》して（食べて）しまったからなのであります」（『落穂集《おちぼしゅう》』）と述べている。友山の実見談である。

犬は鷹犬《たかいぬ》として鷹狩りで働いたが、同時に鷹の餌にされていた。

徳川家康《いえやす》も二代秀忠《ひでただ》も三代家光《いえみつ》も鷹狩りを好んだ。鷹には生肉を食わせる。幕府はその餌として、江戸近郊の百姓に犬を差し出させていた。御鷹餌犬《おたかえいぬ》という。諸大名も税の一種として百姓に餌犬を割り当てていた。

五代将軍綱吉《つなよし》が登場して、生類憐《しょうるいあわれ》みの令が出され、犬たちが食い物に困らない夢のような時代は二十二年間続いた。おかげで江戸の町民は難渋した。犬殺しは処刑された。町は犬であふれ、その面倒は町民が見させられた。犬が増えすぎて、幕府は江戸郊外中野村に巨大な犬小屋を作った。開設後すぐ収容された犬がざっと十万匹。主食は下《げ》白米で、ほかに味噌（味噌汁）と干鰯《ほしか》が与えられた。当時の農政家・田中丘隅《きゅうぐ》は「犬小屋が出来て一年の間に、その数、半分とまではいかないが、病犬死犬の数はおびただしかった」と『民間省要《みんかんせいよう》』に記している。田中によれば、白米食と運動不足が原因だった。幸せと不幸せは紙一重だった。

中野の犬小屋に犬が収容され、江戸の町の犬の数は極端に減った。人口比で考えると、当時の日本では、江戸は最も犬の少ない都市だったかもしれない。ところが諸藩の事情は江戸とまったく異なる。生類憐みの令が出ていたおかげで、どの藩も犬の数が増えていた。大都市ほど増え続ける犬の悩みは大きかった。綱吉の死後、この法令が廃止されると、岡山藩では早速、町中の犬を瀬戸内海の離島に運び、犬減らしをしている。犬を殺すことには抵抗があったようだ。諸藩もそれぞれに犬減らしを始めたと思われるが、あまり史料が残っていない。

八代将軍吉宗《よしむね》の時代になって、江戸の犬事情はまた転機を迎える。綱吉が廃止した鷹狩りと鷹場を吉宗が復活させたことが原因だった。江戸日本橋から五里までは将軍家の鷹場（御拳場《おこぶしば》）、さらにその外側五里までが御三家や大大名の鷹場に復した。

鷹狩りの妨げになるため、鷹場の村では犬の放し飼いが禁じられた。幕府は「無主の犬はどこか遠くへ捨てなさい」とお触れを出した。村の犬の多くは個人の飼い主がいない「里犬《さといぬ》（無主の犬）」だった。野良犬とは違う。里犬は主に番犬として村全体で養われていた。捨てられることによって、里犬の野良犬化が始まった。

十代将軍家治《いえはる》の時代に将軍家の鷹場では犬を飼うこと自体が禁じられた。すべての犬は「どこか遠くへ捨てる」ことになった。犬を殺してはいけない。「戻ればまた捨てなさい」というのが幕府の命令だった。全体状況から判断すると、捨てられた犬の一部は野良犬化し、一部は江戸の町に流れ着いたと思われる。

将軍吉宗の時、犬にとっても人にとっても不幸な事態が起こった。吉宗は優秀な猟犬を求め、外国産の犬を輸入したが、享保《きょうほう》十七年（一七三二年）長崎で狂犬病が発生したのだ。海外から持ち込まれた犬の中に狂犬病の犬がいたらしい。この病気にかかった犬は、犬でも人でも牛、馬でも咬《か》みついて次々と病気を移していく。犬は放し飼いにされていたから、犬から犬へ病気は広がっていった。当時は治療法がなかった。犬も人も、多くの命がこの病気のために失われた。狂犬病の犬は次々と打ち殺された。それしか有効な手段がなかった。

犬の歴史が顧《かえり》みられることはほとんどなかった。これから犬の話を進めるにあたって、江戸の犬たちにどんなことが起きていたのか、最初に概略を説明しておきたかった。

日本の犬は外国人に評判が悪かった。「両刀を帯びた武士を別にすれば日本の都会の唯一のやっかいものは普通の犬だった」（オールコック・イギリス初代駐日公使）。犬は外国人と見れば吠えかかった。

明治新政府は犬も文明開化しようと考えた。「すべての犬は飼い主がいなければならない」。人々と生活を共にしてきた里犬（町犬、村犬）は「無主の犬」として各地で撲殺《ぼくさつ》された。日本の犬の近代化は里犬の死（絶滅）を代償にして始まった。

犬たちの江戸時代　目次

第二章　犬食い

江戸初期の犬事情（一）

第三章　御《お》鷹《たか》餌《え》犬《いぬ》と鷹狩り

江戸初期の犬事情（二）

第五章 綱吉登場、増え続ける江戸の犬

第六章 「犬は遠くへ捨てなさい」

〈凡例〉

引用文の多くは原文を生かしつつ現代語に訳した。わかりにくいものは要約した。原文を掲載した場合でも、漢字、仮名遣い、句読点などは適宜改めている。補足、説明が必要な語彙《ごい》についてはかっこ内で言葉を補った。「疋」「匹」「頭」、「飼主」「飼い主」、「飼犬」「飼い犬」などは原文の記述を尊重して表記を統一しなかった。

第一章

花のお江戸は犬ばかり

「伊勢屋稲荷に犬の糞」の謎

1 「伊勢屋稲荷…」はいつ生まれた言葉か

●喜田貞吉、司馬遼太郎の江戸初期説

いつ、だれが言い出したのか、
江戸に多いもの、伊勢屋稲荷に犬の糞
この言葉の成り立ちがよくわからない。
『広辞苑』第七版（二〇一八年、岩波書店）の【伊勢屋】の項には、次のように記されている。

①江戸に移住した伊勢の商人②江戸時代、倹約を旨とする商人の異名。伊勢出身の商人が節倹《せっけん》に励んで江戸人の間で商権を拡張し、「江戸に多きものは伊勢屋稲荷に犬の糞」といわれるまでに繁栄したからいう。

『日本国語大辞典』（二〇〇〇年、小学館）の【伊勢屋稲荷に犬の糞】の項には、
江戸市中いたる所にあって、最もよく目につくものは、伊勢国出身の商人の伊勢

屋という屋号の店と稲荷のほこらと路上の犬のくそである。ざらにあるもののたとえ。

と説明があった。「ざらにあるもののたとえ」で間違いはないだろうが、ただ多いものを並べただけなのだろうか。辞書、辞典類には、私が知りたかった「いつ、だれがそういったのか」について触れたものがなかった。

喜田貞吉《きたさだきち》は「伊勢屋稲荷に犬の糞」の時代的背景について言及した最初の歴史学者である。明治末に東大講師、のちに京大教授となったが、活動の場はアカデミズムの中にとどまらず、自ら雑誌『民族と歴史』を創刊し、部落差別など諸問題に論陣を張った。

喜田は『読史百話《どくしひゃくわ》』（明治四十五年）の中で、「伊勢屋稲荷…」は「諧謔的俗諺《かいぎゃくてきぞくげん》」（おかしみのある諺《ことわざ》）にすぎないが、「歴史的地理的解釈を施すことに多少の意味はあるだろう」と述べ、江戸の町の成り立ちと関連づけて簡単な考察を加えた。

江戸の古き諺に、伊勢屋稲荷に犬の糞ということあり。これはもと、江戸の町にはなはだ多かりしものを列挙したるにて、後世、犬の糞は減じたれども、江戸が東京と改まりて、四十余年を経たる今日、なお伊勢屋と稲荷はその数、少なからず。
江戸の町に昔時《せきじ》犬の糞多かりしことは、江戸開府当時、世人《せじん》利を追いて、ここに集まる者おびただしく、しかも市中の取締り未だ十分ならざりしかば、人々自衛のために犬を畜《かい》し結果ならん。

江戸に幕府が開かれた当時、住民が自衛のために番犬として犬を飼い、そのために犬の糞が多かったのだろう、と喜田は考えた。さらに雑誌『民族と歴史』第三巻第一号（大正九年）では、自説を次のようにまとめた。

江戸の町に多いもの、伊勢屋・稲荷に犬の糞という諺があった。伊勢屋が多いのは進取の気象《きしょう》に富んだ伊勢人が続々江戸に出て来て商売を始めたため、また犬の糞の多いのは、江戸の初めにまだ警察制度が整って居なかったので、人々多く犬を飼って自ら衛《まも》った為であろうが、稲荷の多かったのは、福神《ふくじん》としてその崇拝が、江戸の初期に盛んであった事を示している。

福神（幸福をもたらす神）としての稲荷について研究していた喜田は「伊勢屋稲荷

に犬の糞」という言葉の成り立ちに注目した。著名な学者の説だから、江戸初期に「伊勢屋稲荷…」が成立したと思い込む人も多かった。

作家の司馬遼太郎もその一人かもしれない。司馬は伊勢出身の豪商、河村瑞賢《ずいけん》を主人公にした短編『川あさり十右衛門』（昭和三十七年）の中で、「伊勢屋稲荷…」をやはり江戸初期の言葉だとして引用している。

関ヶ原と、大坂ノ役によって豊臣家の勢力が地上から消えるや、徳川政権の所在地である江戸は、都市として爆発的な繁栄をはじめることになった。（略）江戸へ江戸へと押しかけた諸国の庶民のうち、伊勢者がめだって多かった。しかも、近江者とならんで成功率も高かった。徳川時代を通じて、江戸の屋号でもっとも多かったのは、伊勢屋であった。

当時江戸では「江戸に多きものは、伊勢屋、稲荷に犬のくそ」といわれた。

江戸の町の七割が焼失した明暦《めいれき》の大火（振袖火事、一六五七年）のあと、河村瑞賢（十右衛門）はいち早く木曾《きそ》に行き、木材を買い占めて財をなした。「材木を売るだけでなく、十右衛門自身は諸方の大名屋敷、富商の家の建築をうけおい、たちまち江戸一の大富豪になった」（同著）

喜田貞吉は稲荷を論じるために、司馬遼太郎は伊勢商人を語るために、「伊勢屋稲荷…」を引用した。犬の糞にはほとんど関心がない。しかし、犬の糞をキーワードにして「伊勢屋稲荷…」を考えると、その言葉の成立が本当に江戸時代初期なのか疑わしくなる。このころ、江戸の犬は人に食われて、「伊勢屋稲荷…」といわれるほど、犬の糞は多くなかったからだ。

●江戸初期の軍学者の証言、「犬はほとんど見かけなかった」

大道寺《だいどうじ》友山《ゆうざん》は江戸初期の軍学者である。長生きをして、八代将軍吉宗の時代、享保《きょうほう》十二年（一七二七年）、八十九歳の時、人に問われるまま昔語りをした。このころになると、江戸の古い時代のことがだんだんわからなくなり、だれかが友山の体験談、実見談を記録に残しておこうと考えたらしい。『落穂集《おちぼしゅう》』と名付けられた筆録に河村瑞賢が巨利を得るきっかけとなった明暦の大火の話が出てくる。友山は十九歳の時、この大火に遭遇した。

明暦三年（一六五七年）一月十八日は朝から強い北風が吹いていた。昼過ぎ、本郷丸山の本妙寺《ほんみょうじ》から出火し、折からの強風にあおられて火は燃え広がった。そのころ友山は外《そと》桜田（日比谷、霞が関付近）に住んでいたらしい。風がひどく、土ぼこりが舞い上がり、五、六間《けん》先にある物の色さえ見分けがつかないほどだった。このため火事の煙も見えず、逃げて来た人の話でやっと大火事だということがわかった。翌十九日には小石川から出火し、江戸城本丸、天守閣をはじめ武家屋敷、寺院、民家など江戸の町の主要部分はほぼ焼失した。

友山は語る。

「保科肥後守《ほしなひごのかみ》殿（会津藩主保科正之《まさゆき》）は大火のあと、芝増上寺《ぞうじょうじ》からの帰り道、江戸市中の様子を見て回った。死体はいたるところに積み上げられ、川、堀にも多数浮いたままだった。天下の万民、公方《くぼう》様のもとに集まり、今度の大変《たいへん》（大災害）に出合い、いかにも不憫《ふびん》と思い、御老中方にもはかり、所々方々《しょしょほうぼう》の人の死骸に限らず、牛馬犬猫の死骸まで残らず一所に集め、埋め置かれた。これがただ今の無縁寺（回向院《えこういん》）です」

寺に運ばれた死者数は十万七千四十六人（『玉露叢《ぎょくろそう》』）。回向院は日本最初の人と動物を埋葬する寺院となり、現在に至っている。

友山は明暦の大火の話が終わりに近づいたところで、足袋《たび》について語り始めた。

「この大火事以前、江戸の町では足袋屋を見かけませんでした。みな皮の足袋をはいていましたが、火事の後、火事羽織や頭巾に鹿皮を使うようになって皮の足袋の値段が高くなり、下々の者は木綿の足袋を用いるようになりました」

友山によれば、明暦の大火で三次《みよし》五万石（広島県）の藩主浅野長治《ながはる》が身にまとったた。

火事場装束《しょうぞく》――茶色にいぶした皮羽織が評判になったせいで、鹿皮の値段が上がった。

長治の従兄弟が火消し上手で知られた赤穂《あこう》五万石（兵庫県）の藩主浅野長直《ながなお》で、その孫・長矩《ながのり》が忠臣蔵で有名な浅野内匠頭《たくみのかみ》。赤穂浪士討ち入りの時、大石内蔵助《くらのすけ》が火消し装束に身を固めていたのは、浅野家の伝統だった。

それはさておき、と友山の昔語りは明暦の大火の火事場装束、足袋の話から矛先《ほこさき》を変えて、突然犬食いの話になる。

さてまた我らが若きころまでは、ご当地（江戸）の町方には、犬と申すものをほとんど見かけなかったのは、武家、町方ともに、下々の食べ物で犬に勝るものはないようなものでありまして、冬になりますと、見かけ次第打ち殺し、賞玩《しょうがん》してしまうからなのであります。

冬になりますと、というのは、犬は鍋にして食うことが多いからだ。体が温まるという。

友山は「犬と申すものをほとんど見かけなかった」と明言している。時期でいうと、明暦の大火以前、三代将軍家光、四代家綱《いえつな》の時代だ。「伊勢屋稲荷に…」といわれるほど、犬の糞は江戸の町にごろごろしていなかったことになる。友山の話はその前後の記述から判断しても十分信用できる。つまり「伊勢屋稲荷…」は江戸初期の言葉ではない可能性が非常に高い。

明暦の大火後、犬猫の死体も回向院に埋葬されたが、江戸の犬は人に食われて絶滅したわけではないので、犬の焼死体があったことと「ほとんど見かけなかった」ことは別に矛盾しない。

火事と喧嘩は江戸の華、という言葉は一面の真実をとらえている。江戸の庶民はみな借家住まいで、財産らしい財産もない。火事にあっても失うものは少ない。大火の時、最も困るのは将軍家（幕府）と大名だ。家屋敷の再建のため巨額の費用をつぎ込まなければならない。

明暦の大火で江戸城天守閣が焼失し、地下にあった幕府御金蔵《ごきんぞう》の金銀はすべて高熱で溶解してしまった。幕府は当座の金が足りなくなり、とりあえず大坂御金蔵から銀五万貫と金七万両、駿府《すんぷ》城の御金蔵から銀一万貫を江戸に取り寄せた。（大田南畝《なんぽ》史料『竹橋余筆《ちっきょうよひつ》別集』）

明暦の大火のあと、江戸の町は復興景気に沸いた。銀一万貫（金実勢相場換算約十六万両）は被災した江戸町民に下された。炎上した江戸城本丸の再建費用だけで約九十三万両。大名屋敷も次々新築された。江戸の町の経済は武家が金を使い、消費することで成り立っている。武家が金を使えば景気は良くなる。商人は火事の打撃から立ち直り、職人は仕事にあぶれることがない。仕事を求める人々は地方から江戸に流入した。

火事があると、江戸の庶民は元気が出る。火事が江戸の華だというのは、見栄や言葉のあやではなかった。景気が良くなれば、犬たちも元気が出る。食う物に困らない。ましてや大火で多数の人と動物の命が失われたばかりだ。人々は生き残った犬猫にやさしくなる。江戸の町で本格的に犬が増え始めるのは明暦の大火以降と考えていいだろう。

2 「伊勢屋稲荷…」と江戸っ子がいったのか

●稲荷社の多さを論じるための言葉

「伊勢屋稲荷に犬の糞」は正体不明の言葉だ。

短編『川あさり十右衛門』でこの言葉を引用した司馬遼太郎は、昭和五十四年『街道をゆく』の「赤坂散歩」編・豊川稲荷の導入部で、江戸の地口《じぐち》として再びこの言葉を引用している。地口とは早い話がだじゃれのことだ。

いまもそうだが、江戸には稲荷社が多かった（もっとも、全国の神社の四割がお稲荷さんだという説がある）。

伊勢屋・稲荷に犬の糞

などと、江戸の地口でいわれた。落語でも、表通りの旦那といえばたいてい伊勢屋という屋号である。おそらく江戸開府以来、伊勢商人の進出がつづいていたからだろう。

司馬の地口説を読んで、うーんと思わず考え込んでしまった。地口は「だじゃれ」だから、元になる言葉があるはずだ。「恐れ入りました」というところを「恐れ入谷《いりや》の鬼子母神《きしぼじん》」といえば地口になる。「沖の暗いのに白帆《しらほ》が見える」というところを「年の若いのに白髪が見える」といえば、これも地口になる。

二月初午《はつうま》の日（最初の午の日）、行燈《あんどん》に地口と絵を描いて軒先に吊るすのを地口行燈といって、もっぱら江戸で流行した。

「あちらの盥《たらい》に鴨がいる。こちらの盥に鴨がいる。盥に見合わす鴨と鴨（互いに見合わす顔と顔）」。これは明治のコラムニスト・斎藤緑雨《りょくう》が記憶していた子供のころの地口行燈。

地口は人の名前にもなる。明治の作家・二葉亭四迷《しめい》は「くたばってしめえ」の地口。では、「伊勢屋稲荷…」は何の地口かと考えると、元の言葉がわからない。司馬の地口説は無理筋だろう。

人は江戸の稲荷を論じるついでに「伊勢屋稲荷…」をつい引用してしまう。著名な民俗学者の岩井宏実は民衆宗教史叢書《そうしょ》『稲荷信仰』の「稲荷と狐、稲荷の絵馬」の中で次のように書いている。

> 江戸の町では稲荷の祠《ほこら》のない町内はなく、江戸に多いものをさして、
> 　町内に伊勢屋稲荷に犬の糞
> という川柳があるほど、どこの町内にも一つや二つの稲荷の祠は祀《まつ》ってあり（以下略）

いつの間にか「伊勢屋稲荷…」の前に「町内に」と上の句がついている。私が調べた範囲では、こういう川柳があったことは確認できない。

同じ叢書の「江戸の稲荷」の中で、やはり著名な民俗学者の萩原龍夫はこう述べて

いる。

「伊勢屋・稲荷に犬の糞」とは、口やかましい江戸っ子の口の端《は》にしょっちゅうのぼった諺である。ことほどさように江戸には稲荷社がおびただしく存在した。これを統計にとった者は、残念ながら無いようである。

「伊勢屋稲荷…」がしょっちゅう江戸っ子の口の端にのぼった実例をずっと探しているが、これも見つからない。萩原龍夫の思い込みにすぎないだろう。

民俗学者として多数の著書を残した宮田登もこの言葉をしばしば引用している。

関東地方に稲荷社が多いことは、現在われわれの周囲を見回しても気付くことである。とりわけ江戸には、「伊勢屋、稲荷にいぬのくそ」といわれるほどやたらに稲荷社があった。これらの稲荷をすべて、京都伏見稲荷が伝播《でんぱ》した現象と見なすのは早急であって、すでにこの点は、民俗学の立場から柳田国男が指摘したことである。(「江戸町人の信仰」『江戸町人の研究』第二巻)

江戸に稲荷の祠の数が多く、犬のくそも又《また》やたらにあったことはよく知られている。幕末から明治にかけて町人たちがしきりに参詣した流行神の稲荷の数は百二十八社に及んでいる。(『江戸の小さな神々』)

宮田は「伊勢屋稲荷に犬の糞」をそれなりに気を使いながら引用している。「江戸でそういわれた」とは書いていない。江戸の稲荷について述べた史料は数々あるにもかかわらず、江戸で「伊勢屋稲荷…」といわれたことを示す明確な使用例が見つからないため、稲荷が多かったという状況を説明する言葉として引用するのにとどめていたように思われる。

江戸時代、雑俳《ざっぱい》と呼ばれた俳諧《はいかい》が大流行した。点者《てんじゃ》(撰者《せんじゃ》)が題を出し、投句料をとって句を募り、秀句に賞金を出すこともあった。雑俳にはいろいろな種類があるが、上の五文字の題が出て、投句者が七五を付けるものを冠付《かむりづけ》という。元禄時代、江戸で刊行された雑俳集『冠独歩行《かむりひとりあるき》』にこんな句がある。

(題)多いもの
布簾《のれん》にいせや江戸の花

ケチと相場が決まっていた伊勢屋(伊勢商人)がやっと江戸の花になったところに点者は趣向を見いだしたのかもしれないが、少々ひねりが足りないように思う。川柳では、伊勢屋は常にケチの代名詞として使われる。

伊勢屋さんもう食えるよと鰹売《かつお》り（ケチな伊勢屋は高い初鰹は避け、安くなってから買う）

伊勢屋から鰹をよぶやいなや雨（そら、にわか雨だ。伊勢屋が鰹を買ったせいだ）

三代目いせ屋鰹に二両出し（伊勢屋も江戸で三代目。世間並みに鰹を買うようになる）

「伊勢屋稲荷…」は冠付のようでもある。

（題）多いもの

伊勢屋稲荷に犬の糞

頭に「い」の字を折り込んで、言葉の調子がいい。冠付に似てはいるが、そうだという確証はない。結局、言葉の成り立ちはわからない。しかし、この言葉が江戸で盛んに使われたとはどうしても思えない。江戸では当たり前の風景でしかない伊勢屋と稲荷と犬の糞を三つ並べることに、江戸者が何か特別な意義を見いだしたとは考えられないからだ。

●歌舞伎に登場、犬の糞

江戸っ子の河竹黙阿弥《かわたけもくあみ》が書いた芝居「文弥《ぶんや》殺し」（『蔦紅葉宇都谷峠《つたもみじうつのやとうげ》』、安政三年・一八五六年初演）に江戸者（神田の大工）と大坂者（かすり半天姿の商人）の犬の糞をめぐるやりとりが載っている。東海道鞠子宿《まりこのしゅく》（静岡県）で、二人は合宿《あいやど》になった。

大坂　なるほどおまえのいわっしゃる通り、わしも今度お江戸を見物して来ましたが、実にえらいとこじゃて。
江戸　天下お膝元だ、（江戸は）えらかろうな。
大坂　いやも、えらい犬の糞じゃ。どこもかしこも犬の糞で、あれがほんの武蔵（むさし＝むさい）の国、江戸じゃない、嘔吐《へど》じゃがな。
江戸　なんだ、この土左衛門《どざえもん》め、途方もねえことをいや（いいや）がるな。これ、犬も食れえもの（食うもの）があるから糞もたれらあ（略）。初鰹が三分《さんぶ》しても片身は犬にくれてやらァ。悪くごたごたぬかしやがると、横っぱらを蹴破《けやぶ》って風穴をあけるぞ。

犬の糞は江戸を皮肉るネタになる。怒った江戸者は初鰹の代金が三分、つまり一両の四分の三、その片身だと今のお金で二、三万円か、江戸の犬は食い物が違うとタンカを切った。見栄である。

黙阿弥の芝居ではしばしば犬が重要な役回りで登場する。

「小猿七之助」（『網模様燈籠菊桐《あみもようとうろうのきくきり》』、安政四年初演）では、そのころ話題になった伊勢参りする犬の話を早速取り入れている。日吉丸（小猿）は犬の首に巻かれた銭で食い物を手に入れ、犬と一緒に矢作川《やはぎがわ》の橋で寝る。そこへ来たのが野盗の蜂須賀小六《はちすかころく》――。「慶安太平記（丸橋忠弥《まるばしちゅうや》）」（『楠紀流花見幕張《くすのきりゅうはなみのまくはり》』、明治三年初演）では、「あちらで三合かしこで五合」としたたかに酒を飲み、酔った丸橋忠弥が江戸城の濠端《ほりばた》で、吠えかかる犬に石を投げ付ける。実は由比正雪《ゆいしょうせつ》に意を通じ、謀反《むほん》の志を持つ忠弥はお壕に石を投げ入れ、底に着いたその音で水の深さを測ろうとした。この場面が見せ所。それでお壕の深さがわかるかどうかは別の話だ。あくまで芝居。

「髪結新三《かみゆいしんざ》」（『梅雨小袖昔八丈《つゆこそでむかしはちじょう》』、明治六年初演）では、永代橋《えいたいばし》から身投げしかけた男が犬に吠えられる。犬の首には木札が下がっている。助けた男が身投げ男に語りかける。「犬さえ木札がついていれば、命を助かる世の中に……」。この年、東京府は畜犬《ちくけん》規則を施行し、木札を付けていない飼い主不明の犬はすべて撲殺することに決めた。黙阿弥は最新ニュースを早速芝居にした。

黙阿弥がここまでこだわりを持って、犬を芝居に取り入れているのに、作中の人物に「伊勢屋稲荷に犬の糞」といわせなかったのはなぜだろうか。「江戸でそういわれた」事実がなかったからではないだろうか。

●上方人が江戸を揶揄する言葉

「犬の糞と侍がこわくては江戸へ来られぬ」

「江戸は犬の糞と侍ばかり」

両方とも江戸時代の諺集に載っている。上方《かみがた》の人間が武士の町である江戸を揶揄《やゆ》した諺である。江戸っ子はこんなことは口が裂けてもいわない。「伊勢屋稲荷…」も江戸を揶揄して上方で誕生した言葉だったように思われる。

上方では「伊勢屋」は常に揶揄の対象だった。「近江泥棒、伊勢乞食」といって金儲けのうまい近江商人、伊勢商人をやっかみまじりにばかにした。

「稲荷」は揶揄の対象ではないが、上方の人間はすべての稲荷は京都・伏見稲荷から始まると考えている。江戸の稲荷を軽んじてみる傾向がある。

「伊勢屋稲荷に犬の糞」は辞書類に載っているように、江戸に多いものをずらずら並べただけの言葉ではないだろう。最後に「犬の糞」で落ちを付けて、江戸を揶揄することに力点がある。その意外性におかしみも生じる。「犬の糞」がなければ、何ということもない言葉なのだ。

「伊勢屋稲荷に犬の糞」という言葉が江戸時代にあったことを確認できる史料が一つだけある。幕末、喜田川守貞《きたがわもりさだ》が著した『守貞謾稿《まんこう》』（別名『近世風俗志』）である。守貞は天保《てんぽう》十一年（一八四〇年）、三十一歳で大坂から江戸に出て来た商人だが、京都・大坂・江戸、三つの都の風俗がどのように違うのか、その研究に情熱を注いだ。黒船襲来の時、草稿が戦火で焼失することを恐れ、川越の親族に預け、その後また加筆して慶応三年（一八六七年）に完成した。

二月の初午はお稲荷さんのお祭り。京都では伏見稲荷にお参りし、大坂では凧《たこ》を揚げる。江戸では町奉行所、町年寄《まちどしより》邸などが開放され、邸中《ていちゅう》の稲荷社への参拝が許される。守貞は簡単に三都初午の比較をしたあと、江戸の稲荷の多さについて、こう述べている。

江戸にては武家及び市中、稲荷祠《いなりし》ある事、その数知るべからず。武家及び市中巨戸《きょこ》（大きな家）必ずこれあり。また一地面にもっぱら一、二祠これあり。これなき地面ははなはだ稀《まれ》とす。諺に江戸に多きを云《いい》て伊勢屋稲荷に犬の糞と云《いう》なり。

（以下略）

守貞のこの記事によって、少なくとも幕末にはこの言葉があったことがわかる。しかし、これだけはっきり書いてあっても、江戸でそういわれたのか、あるいは江戸の人間がそういったのか、私の疑念は消えない。

諺とは何か。明治の国語学者で、諺研究の第一人者だった藤井乙男《おとお》は『俗諺論《ぞくげんろん》』の中で、諺が諺であるために欠いてはならない条件として「通俗」であることを挙げている。どんなに寸鉄人《すんてつじん》を刺すような警句であっても、人に知られ、一般に使われなければ諺として成立しない、と藤井は述べている。ところが、江戸の人間、滝沢馬琴《ばきん》も、式亭三馬《しきていさんば》も、河竹黙阿弥も、元町奉行与力《よりき》の佐久間長敬《おさひろ》も、彫刻家の高村光雲《こううん》も、落語家の三遊亭円朝《えんちょう》も犬の糞について語りながら、だれ一人「江戸で伊勢屋稲荷に犬の糞といわれた」といわないのである。

私の結論をいうと、「伊勢屋稲荷…」は江戸の諺ではない。江戸でそういわれた形跡がない以上、諺として成立しない。しかし、少なくとも幕末にはこの言葉は存在していた。喜田川守貞はもともと大坂の人だ。「伊勢屋稲荷…」が江戸を揶揄した上方の諺だった可能性は非常に高い。かりにこの言葉が江戸で使われたことがあったとしても、せいぜい陰口程度のことだろう。

守貞は無名の一商人だった。いつ、どこで亡くなったか不明だ。『守貞謾稿』は江戸時代、世に出ることはなかった。『守貞謾稿』三十一冊は明治三十四年に帝国図書館（国立国会図書館）が浅草の本屋から購入し、同四十一年に翻刻・出版された。この労作が埋もれていた三十数年の間に江戸は東京となり、『守貞謾稿』とは無関係に「伊勢屋稲荷…」は江戸を語る時の枕詞《まくらことば》のように使われ始めていた。この言葉を世に広めたのは『守貞謾稿』ではないことになる。

3　犬の糞、踏む

●野外も屋敷も犬の糞

確かに江戸は犬の糞の多い町だった。

紀州藩士・酒井伴四郎は万延元年（一八六〇年）、江戸勤番を命ぜられ、五月末、赤坂・紀伊国坂の江戸藩邸に入った。非番の日、伴四郎は供を連れてしばしば江戸見物に出かけた。丸の内の大名小路、本所《ほんじょ》回向院、山王権現《さんのうごんげん》、愛宕山《あたごやま》、増上寺、上野、浅草……新宿では女郎屋も見物した。

江戸に来て一カ月近くたった六月二十五日早朝、江戸城西之丸下の御普請《ごふしん》小屋が火事だと知らせが入った。火が大きくなれば紀州家としては放っておくわけにいかない。伴四郎も待機していたが、一時間ほどで鎮火したため、予定通り外出することにした。

きょうは芝の大名屋敷見物である。有馬屋敷（久留米藩上《かみ》屋敷）は江戸で一番高い火の見櫓《やぐら》があるので有名だった。現在の港区三田一丁目、済生会中央病院や都立三田高校のあるところが屋敷跡。そこから通りを隔てて斜め前に薩摩藩の上屋敷があった。現在は港区芝三丁目。屋敷前の通りの長さだけで約六百メートルもあった。

それより（鎮火後）直助に髪を結ってもらう。叔父様、予、為吉（従者）同道で赤羽根の有馬の屋敷、薩摩の屋敷見物。そこで予、犬のくそふむ。（『酒井伴四郎日記』）

大名屋敷は家臣、使用人が住む長屋や高い塀に囲まれている。有馬屋敷には江戸で一番高い火の見櫓があった。踏んだ場所が有馬か、薩摩かは不明だが、伴四郎は上の方ばかり見ていて、足元の確認がおろそかになったのだろう。

実は大名屋敷の中も危ない。延享《えんきょう》三年（一七四六年）に加賀百万石の第八代藩主となった前田重熙《しげひろ》の時、家老の中川八郎右衛門が夜詰め（夜勤）に向かうため江戸藩邸上屋敷（現・東京大学本郷キャンパス）を歩いていて犬の糞を踏んだ。中川はことのほか不機嫌そうな顔で、藩邸内を管理する割場《わりば》奉行に「屋敷内に犬が多い。ちょうど御《お》広敷《ひろしき》（奥方の屋敷）で長吠えする犬を門外に追い出したことでもあるから、ほかの犬も御門外に追い払うように」と注文をつけた。（『謙徳公御夜話』）

犬の糞段〳〵あとへ言ひ送り　（『誹風柳多留拾遺《はいふうやなぎだるしゅうい》』）

「犬の糞があるぞ」。前の人が警報を出す。伝言は後ろへ後ろへ送られて行く。

東京名所図会「芝赤羽・増上寺」（歌川広重）
右手が有馬屋敷。その上に火の見櫓が見える。（国立国会図書館蔵）

文化年間、江戸で出た雑俳集『俳諧觿《けい》』に、
　履《くつ》に屎《くそ》南無阿弥陀仏と夕べ哉《かな》
南無阿弥陀仏といいたくなる気持ちはよくわかる。
もっともこの句、実景ではないだろう。室町後期の伊勢内宮《ないくう》の神官で、連歌《れんが》・俳句をたしなんだ荒木田守武《もりたけ》の句に「ちる花を南無阿弥陀仏と夕べ哉」とある。上の五文字を置き換えた本句取り、もじりの句だ。

犬の糞は夜昼朝夕、いつでも用心がならない。式亭三馬『浮世風呂《うきよぶろ》』。朝まだ暗いうちに銭湯に出かけた男、まだ湯があいてないので、番頭を起こす。


「あかねか、ばんたん（開かねえか、番頭さん）、オヤ〳〵くそ〳〵くそふんだ〳〵。けたね（きたねえ）」

　そばに寝ている犬に向かい
「てめーか。わいやつ（悪いやつ）だな」

「こちくしょう（こんちくしょう）」

　そこに現れた二十《はたち》すぎのやさ男。口紅のついた手拭《ぬぐ》いを肩に掛け、帯と下駄ばかりやけに目につく。手拭いを落とし、拾い上げたその時、犬につまずく。

「キャン」「畜生め、気のきかねえ所に居やがる」

犬の糞を踏んだ男。

「なに、てめえが気のきかねえくせに、ざまア見や」

やさ男、どぶ板の上に突き倒され、犬の糞を見つける。

「アヽ糞だ。だれかモウふんづけた跡だ。おめへ踏んだか」（要約）

江戸時代を代表する戯作者《げさく》、山東京伝《さんとうきょうでん》が書いた忠臣蔵のパロディ『座敷芸忠臣蔵』の十段目、あまり上等の作品とはいえないが、そのひとくだり。

お園はひとり小提灯《こぢょうちん》、暗き思いも子ゆえの闇、あやなき道（暗い道）に犬の糞。アヽきたなや、と足取りも、へり踏んだりの身振りにて、門《かど》の戸口を打ちたたき……園じゃ、ここ開けてくれ。犬のババを踏んだゆえ、へり踏んだりへり踏まずで、ようようここまで来たハイやい。（要約）

こういう犬の糞の話が違和感なく読めてしまうのが江戸という土地。犬の糞でも何でも、話の種、洒落《しゃれ》の種にして書いてしまうのが戯作者の戯《たわむ》れ。京伝洒落本『京伝予《よ》誌《し》』では、浅草田んぼで刀を手に取り、刺し違えて心中しようとした男女にあぜ道のお地蔵さまが声をかけ、説教する。

今時の心中は義にもあらず、情でもなく、ただ不自由ゆえの無理死《むりじ》に死《し》。お染久松の心中は道理じゃ、あれほどまでに恋の情を尽くしたから、命も捨てそうなもの……心より心中死をうらやましがれど、芝居でする心中は歩む所が板じゃゆえ、犬の糞を踏む気づかいがなければ、着るもの引きずりて、行くに品よく一対の美服、紫のほうかぶり。（要約）

芝居の中の道行《みちゆき》は板の上だから犬の糞を踏む気づかいもなく、裾《すそ》を引きずり、品よく歩いて行く。現実はそんなものではありません。心中するため夜道を行けば、犬の糞を踏むかもしれませんよ。それがお地蔵さんの忠告だった。

「大体、近ごろの武士は」と病床の井上金峨《きんが》が弟子に語った。金峨は江戸中期、江戸で名をはせた儒学者である。

○武士は繁華の地にいるとよくない。昔は坂東武者《ばんどうむしゃ》といって豪勇なるものであったが、京から離れた辺鄙《へんぴ》な土地にいたからそうなった。最近は江戸風がしみ込んで、なよなよして上臈《じょうろう》のようで、ついには武士が商人に姿を似せるようになってしまった。人は武士なぜ傾城《けいせい》に嫌がられ、という句があるが、だから嫌がられないように若い武士は町人のようにしたがる。
○六尺有余の大男の徒士奴《かちやっこ》が犬の糞を見つけて、いかめしい声を上げ、大の字に踏みはだかる。奴は足の裏に腫《は》れものがあるように犬の糞を避け、踊り歩く。馬上の武士は「我こそは」と威張った顔でそろそろと馬を進め、糞をよける。脇から眺めれば、かの下も長そうな武士であった。(『病間長語《びょうかんちょうご》』、要約)

武士たるもの、犬の糞ぐらいで大騒ぎするものではない、と金峨は弟子にいいたかったのだろう。「かの下も長そう」とは鼻の下のことか。形ばかりいかめしく、なよなよしたつまらない武士ばかり増えてしまった。犬の糞を見るにつけても金峨の嘆きはおさまらない。

●事件勃発、「犬の糞で仇をとる」

「江戸の仇《かたき》を長崎で討つ」という。思いがけないところで、しっぺ返しをする。「犬の糞で仇をとる」ともいう。諺を地で行くような事件が実際に起きた。

天明七年(一七八七年)一月、三千石の旗本水上美濃守《みずかみみののかみ》正信は、十一代将軍家斉《いえなり》の

側近・西城《にしのしろ》（西ノ丸）書院番頭《がしら》に昇進した。そこで同役の書院番頭七人が水上邸に集まり、祝いの宴席を開いた。

　酒が進んだところで、先輩書院番頭の大久保大和守《やまとのかみ》忠元は水上の膝元に近寄り、「これを差し上げよう」と持参した菓子を箸《はし》でつまみ上げた。水上は「のちほど頂戴致しましょう」といって、菓子を横に置いた。大久保は「毒薬入りの粟饅頭《あわまんじゅう》とでもいうのか」と毒づき、これをきっかけに宴席出席者が騒ぎ出した。膳の椀皿を打ち壊し、戸障子を踏み砕き、床の間の掛け軸を引き破り、器に糞を残し、小便をまき散らす狼《ろう》藉《ぜき》ぶりだった。

　前年、田沼意次《おきつぐ》が失脚し、松平定信がこれから政治の表舞台に登場しようという時期だった。新書院番頭となった水上美濃守は「このたびの御用は大切なことである。わが組では賄賂《わいろ》などを使った者は諸国巡見使に選ばない」と同役の前で公言し、賄賂を受け取っていた同役の恨みをかった。酒席での狼藉はそのことが原因だった。

　この騒ぎで書院番頭二人がその職を解かれ、そのほかの者はいずれも出仕停止処分となった。器に残された糞は嫌がらせのため、わざわざ持ち込まれた犬の糞だった。

　享和《きょうわ》元年（一八〇一年）九月、亀五郎という無宿者が日本橋界隈《かいわい》の商家、民家を訪れ、金の無心をし始めた。恐喝である。ゆすられた方は何も悪いことをしていなくても後難を恐れ、いくばくかの金を持たせて帰ってもらう。亀五郎は金を出さないと嫌がらせに犬の糞を投げ込んだ。

江戸町奉行の判決

享和二年（一八〇二年）四月三日　申し渡し

無宿　亀五郎

その方儀、無宿になり食うこと難しく、昨年の九月以来、堀江町の九兵衛店《だな》の半七、品川町（日本橋の町名）の新六方へまかり越し、銭の無心を申しかけ、銭を貰《もら》わないうちは帰らないなどと無理を申し、南鐐銀《なんりょうぎん》一片（二朱＝一両の八分の一）、銭四百文をねだり取る。

室町一丁目、とよ方にては金子《きんす》を貸してくれ申さず（貸してくれない）と口論に及び、堀江町半兵衛方にても、金子を貸してくれ申さずとて、犬の糞を家内へ投げ込み、法外に及び候段、不届きにつき、入れ墨の上、佐洲（佐渡）へ水替人足《みずかえにんそく》に遣わす。出発まで入牢《にゅうろう》申付ける。九兵衛店半七ほか三人、その方どもの儀、相尋ねたところ、ふらちの筋もこれなく、構いなし。（『近世法制史料集』第二巻）

佐渡の金山に送られたら生きて帰れるかどうかわからない。中でも水替人足の仕事は鉱山の地下水を地底から地上に汲み上げる過酷な労働だった。判決文は、亀五郎がいかに悪辣《あくらつ》であるか、その理由の一つに犬の糞を家内へ投げ込んだことを挙げている。邪推をすると、八丁堀の与力、同心《どうしん》は常日ごろ、犬の糞問題で悩んでいたのかもしれない。

江戸の八丁堀には町奉行所の与力、同心の組屋敷が並んでいた。幕末の与力、佐久間長敬の『嘉永日記抄』によると、八丁堀に「幽霊横町」と呼ばれる通りがあった。西側は与力屋敷の高い板塀で、夜は大変暗い。別名「提灯かけ横町」。提灯をつけて行かないと危ない。そのまた別名を「犬の糞新道《しんみち》」。危ないのは犬の糞を踏むからだ。八丁堀では仕事柄か用心のために犬を飼う家が多かったようだ。佐久間の家にも熊公という名の猛犬がいた。

与力の数は四十六人（幕末五十人）、同心は二百四十人（同二百七十六人）。与力、同心は基本的に世襲で、家を貸すことが認められていた。借家人は学者、歌よみ、医者、能役者、茶の宗匠、俳句の宗匠など。表側を人に貸し、自らは奥に住む者が多かった。儒学者や医者は同業者の多いここで看板を掲げて成功すれば、一流の仲間入りをすることができた。世間からは

「八丁堀の三つ並び。儒者、医者、犬の糞」

といわれた、と佐久間は述べている。どことなく「伊勢屋稲荷に犬の糞」と語調が

似ているが、直接関係はないだろう。こういう言葉遊びは当時のはやりだった。「儒者、医者、犬の糞」はのちに八丁堀の七不思議[*注1]の一つに挙げられたが、佐久間によると、もともとは七不思議に入っていなかった。

4　江戸と上方、犬の糞比べ

●『八犬伝』の著者の犬トラブル

滝沢馬琴は文化十一年（一八一四年）、四十八歳の時、『南総里見《なんそうさとみ》八犬伝《はっけんでん》』の最初の

注1　高柳金芳『江戸時代御家人の生活』記載の八丁堀の七不思議は①奥様あって殿様なし（旗本は殿様、妻は奥様と呼ばれる。八丁堀与力は旦那様なのに妻は奥様）②女湯に刀掛け（女が行かない朝だけ同心は銭湯の女湯に入る）③金（袖の下）で首がつながる④地獄の中の極楽橋⑤貧乏小路に提灯かけ橋⑥寺あって墓なし⑦儒者医者犬の糞。佐久間長敬『嘉永日記抄』の七不思議は③以下が違う。③足だけ洗う風呂屋「ドフ湯」④鬼の住まいに幽霊横町⑤地蔵なくして地蔵橋⑥百文で一日快楽（八丁堀には貧乏横町があるから）⑦一文なしで世帯持つ（同心長屋は敷金なし）。こちらの方が七不思議としては古そうだ。

巻を出版し、二十八年の歳月をかけ、七十五歳の時に完結をみた。晩年は失明したため、馬琴が口述し、息子宗伯《そうはく》（医師）の嫁おみちが筆録した。

安房国滝田《あわのくにたきだ》城主・里見義実《よしざね》は愛犬八房《やつふさ》に「敵将を咬《か》み殺せば娘伏姫《ふせひめ》の婿にしてやろう」と約束する。八房は尾を振って喜び、敵将を倒す。伏姫は「伏」というその名の通り、人でありながら犬に従うことになる。山中に籠った伏姫を救出に来た男が八房を鉄砲で撃ち殺す。伏姫は流れ弾に当たり失命する。

その時、八つの光が伏姫の腹中から飛び出し、やがて八犬士の誕生となる。『八犬伝』は江戸時代、他に類例を見ない超大作ベストセラーとなった。

『八犬伝』執筆中の文政元年（一八一八年）、馬琴は息子宗伯のために神田明神下に家を購入した。文政六年（一八二三年）、東隣の家が売りに出たので、そこを買い足し、自分の隠居所にすることにした。馬琴は小動物を飼うのが好きだった。小鳥はカナリヤを飼っていたが、犬は飼っていなかったようだ。

馬琴は新居の庭に鯉や金魚を放そうと大きな池を掘った。長さ約八メートル、幅三メートル、深さ三メートルもある。しかし思うように水はたまらず、座敷から見ると、穴倉のようだった。

このころ馬琴は方位、風水にこっていた。どうも池の方角が悪いと池を埋め戻すことにしたが、埋める土がすぐ手に入らない。とりあえず埋め土に西の長屋の溝にたまった泥を干し上げて使った。さらに庭の地ならしのため、門前の西にあったごみと犬の糞を集めて埋め、その上に余った吉方《きっぽう》の土をかぶせた。汚いようだが、どぶさらいの泥やごみを有効利用するため、窪地の地ならしや穴埋めに使うのは江戸ではよくあることだった。馬琴は犬を飼っていなかったので、この時、庭に埋めた犬の糞は自宅のものではない。犬の糞はどこにでもあった。

ところが間もなく息子が飯を食えなくなり、絶食状態になった。馬琴によれば、方位も日も悪かった。方位を調べ直し、土を入れ替えると、やっと息子の病が治まった。悪い土を使ったことによる病厄《びょうやく》だったと馬琴は確信した。

文政九年（一八二六年）に馬琴宅の地主が替わったが、新しい地主の老婆といさかいが絶えなかった。たいていは犬のことが原因だった。西の垣根も東の垣根も犬に破られ、そのたびに老婆に苦情をいった。西隣の家は馬琴宅の方へ死んだ犬を移して知らんふりをし、脇道には犬の糞混じりのごみを捨てた。馬琴は人足を呼んで犬の糞を埋めさせた。またある時、付近に住み着いていた犬が東隣の老婆宅の床下で子を産んだため、老婆は馬琴宅の門のすぐ脇に勝手に犬小屋を作った。馬琴は「かの老婆、地主風を吹かせ、傍若無人《ぼうじゃくぶじん》」と日記に書いている。

昔も今も犬の糞は嫌われものだ。『八犬伝』の著者であろうと、嫌いなものは嫌いだった。

『八犬伝』を書き始める十年以上前、享和二年（一八〇二）年に滝沢馬琴は名古屋、京、大坂へ、約四カ月の遊歴の旅に出た。その時の旅行記『羇旅漫録《きりょまんろく》』に「大坂の市中、犬猫すくなし。（略）京にも犬猫すくなけれど、大坂はいよ〳〵すくなし。只、夜行《やこう》に犬糞のおそれなきのみ第一の好景なり」と書いている。夜、出歩く時に大坂は犬の糞の心配をしなくてすむ、というのだ。

時代物の芝居や映画で、足元を提灯で照らしながら歩く場面がよく出てくる。月の出ている時はまだいいが、月のない真っ暗な夜は、ただ歩くことさえ危険だった。物につまずいて水路に落ちでもしたら命さえ危ない。土で固められた当時の道はあちこちにぬかるみができる。それにもう一つ、江戸でこわいのは犬の糞だった。下駄ならまだしも、わらじ、ぞうりで犬の糞を踏んだ時のことを考えただけでぞっとする。馬琴だけでなく、だれでも犬の糞は嫌いだった。

●江戸っ子、京大坂の犬事情に衝撃

江戸の文人と親交のあった七日市藩（群馬県富岡市）の藩医、畑時倚《ときより》は天保五年（一八三四年）から翌年まで大坂に滞在し、平亭銀鶏《へいていぎんけい》の名で滑稽本《こっけいぼん》『街能噂《ちまたのうわさ》』を書いた。銀鶏は「書いてあるのはことごとく事実。これを見れば居ながらにして、浪花の風土は江戸と異なることがわかる」と記している。

町を行けば、どの店も看板がきれいなのに驚いた。蕎麦屋の行燈も四隅に金具を打ち付けて立派。町の様子を観察しながら、心斎橋筋を目指してぶらぶら歩いて行く万松と千長、ちゃきちゃきの江戸っ子の会話。

万松　もし千長さん、この通りの綺麗なことを御覧《ごろう》じや。犬の屎《くそ》などは薬にしたくとも見えやせん。

千長　さようさ、これじゃあ提灯なしに歩行《あるい》ても踏《ふん》づける気づけえがなくって安心でござりやす。

画家で洋学者の司馬江漢《こうかん》は文化九年（一八一二年）に江戸を離れ、京都に家を借りて住んだ。京はどこが良くて、どこが悪いか。比べて江戸はどうか。友人への手紙に次のように書いた。

京の能《よ》き事

一　往来奇麗にして犬糞なし

一　小便、野菜に換《か》ゆ

京にあしき事

一　女の小便、是はタゴ（桶）へする故に尻をまくり後ろ向きになる。多くは尻をふかず、
　一向の田舎風なり
　江戸の能き事
一　女の小便するを不見《みず》
　江戸にあしき事
一　町の大道、不掃除にして犬糞多し　（『司馬江漢全集』第二巻、要約）

江漢も江戸に犬の糞が多いことを気にしていた。

ここに書かれている「小便、野菜に換ゆ」というのは江戸には全くない光景だった。京では小便を野菜の肥料として使ったため小便集めがいた。

十返舎一九《じっぺんしゃいっく》『東海道中膝栗毛《ひざくりげ》』。京の三条に向かう弥次さん、北（喜多）さん、向こうから小便桶と大根をかついだ男と出会う。


「大根、小便しよ〳〵」

「大根が小便するのはみたことがねえ」

「大根と小便と取替えにするのだろう」

小便桶の男がいう。

「とかく小便は関東がよござります」（要約）

交換する野菜は大根に限らず、青菜その他いろいろだった。

江戸近郊の農家は金を払って武家屋敷や民家から人糞を集め、船で運んで肥溜《こえだ》めで発酵させて肥料にした。江戸の長屋には共用の便所が必ずあったが、その糞の売却代金は大家の収入になった。小便が多いと肥《こえ》の値段が安くなる。一軒家に住む滝沢馬琴邸の例でいうと、大人一人につき年に大根五十本だった。

京江戸自慢比べ

江戸　小便を汁の実にして喰う都

京　大家の息子くそで育てる　（『文政雑説集』）

江戸者は「京の味噌汁の実は、もとはといえば小便ではないか」と京を笑い、京者は「何いうのやろ。江戸の大家は糞売って息子育てる」と江戸を笑った。相手をけなし合うこの自慢比べ、痛み分けだろう。

5　リサイクル社会江戸と、犬の糞

●肥料にもならず路上に放置

ごみ社会に生きる現代人から、江戸は理想的なごみのリサイクル都市だと高い評価を受けている。その中でただ一つのけものにされたのが犬の糞だった。

町に落ちている物は、馬糞でも牛糞でも、わらじ、紙くず、ありとあらゆるものが回収され、肥料になり、燃料になり、再生され、二度三度のお務めを果たした。割れた瀬戸物や瓦《かわら》、使い物にならない火事場の燃え残りなどは船で埋め立て地に運んだ。しかし、お堀や水路（運河）、江戸湾の浅瀬に勝手にごみを捨てる者もいて、航行の妨げになるごみ不法投棄がしばしば問題になった。

一方、犬の糞は路上に放置されたままだった。犬の糞は肥料にもならないというのが江戸時代の常識だったから拾う人がいなかった。

宝永六年（一七〇九年）、綱吉が死去して生類憐みの令が廃止され、やっと大手を振って犬の悪口がいえるようになった。この年、京都で刊行された『軽口頓作《かるくちとんさく》』（雲《うん》鼓《こ》編）に「法花《ほっけ》（法華）、仏に成るならば犬のくそも肥へに成るべし」とある。このころ京・大坂には法華（日蓮宗）嫌いがたくさんいた。「法華を信じて成仏できるなら犬の糞が肥《こえ》になる。そんなことがあるはずがない」という軽口（悪口）である。

確かに犬のおしっこで草木が根腐れし、枯れてしまうことがある。十分に発酵させてほどよく使えば肥料にならないことはないのだが、だれもが頭から肥料にならないと決め付けている。「犬のくそもこえに成るとはばちあたり」（雑俳集『智恵車《ちえぐるま》』）なのである。

江戸時代には、さまざまな農書（農業指南書）が書かれたが、犬の糞を肥料にしなさいと勧めたものはまず見かけない。*注2 私の目に触れた範囲では、岡山・井原の川合忠蔵が天明年間に書いた『一粒万倍穂に穂』に犬の糞のことが述べられている。

　夕立の水、みじんももらさず稲田に入れたらよい。夏の夕立ちには肥土《こえつち》がま

注2　農書に記された肥料例。越中砺波《えっちゅうとなみ》（富山県）の人・宮永正運《せいうん》『私家農業談』（天明年間）に挙げられた「屎仕入《くそしいれ》」二十五品は次の通り。人糞、馬糞、鶏糞、蚕沙《さんさ》（蚕《かいこ》の糞）、小便、厩土《うまやつち》、草屎《くさくそ》、藁屎《わらくそ》、坪土、門土、川ごみ、干鰯《ほしか》、生鰯、油粕《あぶらかす》、米糠《こめぬか》、灰、干草、芝草、藤の葉、柞《さく》葉《よう》（コナラなど落ち葉）、蓬《よもぎ》、柳の葉、芦《あし》の根、菖蒲《しょうぶ》、さく（山草の一種）。犬の糞はない。

ごみ拾いに吠えかかる町犬
『四時交加《しじのゆきかい》』北尾重政画、部分（国立国会図書館蔵）

ざって流れてくる。かつまた道の小便、犬の糞、屋敷まわりのごみなど、ことごとく流れてくるので、この上もない肥料である。

夕立の時、雨水と一緒に田んぼに流れ込んでくる小便、犬の糞はいい肥料だという。川合のいうことは間違っていない。しかし、積極的に犬の糞を肥として使った百姓はいないだろう。犬の糞は肥にならないというのは、江戸時代人にとって絶対的真実だった。

明治になって人糞、馬糞、牛糞のほかに羊糞、豚糞、兎糞《とふん》などが新しい肥料として加わったが、それでも犬の糞は見向きもされなかった。

現在成田国際空港のある場所には、かつて宮内庁の下総御料《しもうさごりょう》牧場があったが、さらにその前、江戸時代は幕府の馬の放牧場だった。明治になってここに西洋式の羊牧場を作る計画が立てられ、新政府はアメリカ人のアップ・ジョーンズを雇った。

明治九年四月、ジョーンズが千葉県令《けんれい》（県知事）に出した野犬退治の要望書には「牧羊場の近傍では犬が勝手に放たれ、自由に行動しているので羊を安全に飼うことが難しい。近隣の人民は悪犬を飼うことをやめ、試みに豚を飼ってみたらどうか。茶樹に最適の肥料となる豚糞を得ることができる。しかし犬の糞が肥料になるとは、だれも聞いたことがない」と述べられている。
札幌農学校に学び、明治二十八年に『余は如何《いか》にして基督信徒《キリスト》となりし乎《か》』を出版した内村鑑三《かんぞう》でさえ、その二年後、雑誌『世界之日本』で「犬の糞」と題して次のように述べた。
「鶯《うぐいす》の糞は化粧品になる。駱駝《らくだ》の糞は燃料に、馬糞は良い肥料になる。狼《おおかみ》の糞は煙火《えんか》(狼煙《のろし》のこと)製造に必要だという。鶏の糞、鳩の糞、牛の糞、豚の糞、兎《うさぎ》の糞それぞれに特効特用があるが、ただ犬の糞だけはわずかな美術的価値も経済的価値もない。汚いものの代名詞でしかない」(要旨)
そのあとで内村は「口の悪いものは束髪《そくはつ》の婦人を犬の糞と呼ぶ。新婦人が選択した髪型について、そのような侮辱的称号は慎むべきだ」と論じた。

●犬とカラスは何を食べたか

どうして、ここまで犬の糞が嫌われたのだろうか。ひょっとすると、昔の犬たちの食い物と関係があるのかもしれない。食い物とは人の死体である。私の説を述べておこう。

古くは『日本書紀』の垂仁《すいにん》天皇紀に、犬が人の死体を食った話が出ている。天皇の弟・倭彦命《やまとひこのみこと》が亡くなった時、近習者を墓(古墳)に生き埋めにした。人柱《ひとばしら》は昼夜泣き叫んだ末に死んでいった。その死体を犬とカラスが来て食べた。

四年後、皇后が亡くなった時、野見宿禰《のみのすくね》が土師部《はじべ》を使って人や馬、さまざまな物の形を土で作り、天皇に献上した。「これからは墓にこれを立てましょう」。天皇は喜び、以後、その土物《はに》を埴輪《はにわ》と呼んだ、と『日本書紀』は記す。*注3

実際には人や動物の形象埴輪よりも、円筒埴輪が先に出現しているので、この埴輪誕生の由来譚《たん》はそのまま信用できないが、犬が人の死体を食うという現実はすでにあったと考えられる。

奈良の聖武《しょうむ》天皇は神亀《じんき》六年（七二九年）二月、体調を崩し、薬を服用した。神祇官《じんぎ》、陰陽師の占いで、伊勢太神《だいじん》の怒りに天皇が触れたことがわかった。豊受宮《とようけぐう》（外宮《げくう》）から太神宮《だいじんぐう》（内宮）に食事を運ぶ時、男の死体を食べている犬、カラスのそばを通り過ぎ、そのまま不浄の食事を太神宮に差し上げてしまったことが原因だった。（『太神宮諸雑事記《しょぞうじき》』）

注3　『日本書紀』記載の埴輪の話は事実として伝えられ、桓武《かんむ》天皇が即位した天応《てんおう》元年（七八一年）、土師宿禰古人《はじのすくねふるひと》は「埴輪を献上した祖先は葬儀と祭事にたずさわってきたが、今は葬儀のみに関わっている。居住地にちなみ、土師を改め菅原の姓にしていただきたい」と天皇に願い出て許された。古人のひ孫が菅原道真《みちざね》である。

平安時代、京の都はしばしば疫病《えきびょう》や飢饉《ききん》に襲われ、何万人もの死者が出た。人の死体は野ざらしとなり、道路わきにも転がっていた。死人が出ると犬とカラスが満腹した。

『延喜式《えんぎしき》』（九二七年）に、穢《けが》れに触れた時の物忌《ものい》みの期間が定められている。

人の死に触れれば三十日

馬牛羊豕（豚）犬の死に触れれば五日

この五畜のお産は三日の物忌み

直接死体に触れなくても、同じ建物の中にいれば穢れに感染したとされた。五畜を食べると三日の穢れ（物忌み）になり、延喜式に記載はないが、猪、鹿を食うことも三日の穢れに加えられた。穢れは人に感染するとされ、物忌み期間中は穢れに触れたことを示す立札を玄関に立て、家に閉じこもった。

犬にはほかの動物にはないやっかいなことがあった。人や動物の肉片、骨片をくわえてくるのだ。これを「咋《く》い入れ」といった。手足頭など人体の一部を咋い入れすると七日の穢れ、首腹部が一体の場合は全身と同じ扱いになって三十日の穢れとなった。犬がくわえてきたものが鳥や魚なのか、穢れに触れる動物なのか、人なのか、その判定が難しかった。犬が食べてしまったら判定がつかない。伊勢神宮『文保記《ぶんぽうき》』によると、持ち込まれたものが「赤色物」であれば人肉と同じ七日の穢れとした。朝廷でも同じだった。咋い入れは頻発し、内裏《だいり》を悩まし続けた。

鎌倉時代に描かれた絵巻物には、死人や死にかかった人と一緒に犬やカラスが描かれている。死体にたかる犬の絵も描かれている。

その後も人の死体は犬にとって主要な食物だった。宮中の女官による日誌『お湯殿の上の日記』には咋い入れの記事が何度も出てくるが、室町時代の長享《ちょうきょう》二年（一四八八年）四月には咋い入れが続き、「吉田」に占わせている。吉田とは吉田神道《しんとう》の創始者・吉田兼倶《かねとも》のことだろう。京都はすでに戦乱の時代に突入している。応仁の乱（一四六七年）のあと、戦いは各地に広まり、戦場に置き去りにされた死体は犬とカラスの餌になった。死体が埋められても犬は掘り返すことができる。人は自分たちの手を汚さずに死体の処理を犬やカラスにまかせていたともいえる。

人々が犬の糞を肥料にすることを徹底して避けた最大の理由はここにあったのではないだろうか。犬は人の死体を食う。その犬の糞を肥料して作物を育てるわけにはいかない。そんなことをしたらバチが当たる。昔の人たちがそう考えたとしても不思議ではないだろう。

江戸にも、人の死体を食って生きている犬たちがいた。鈴ヶ森（品川区）や小塚原《こづかっぱら》（荒川区）の刑場にたむろしていた犬たちだ。元禄四年（一六九一年）、長崎オランダ商館の医師ケンペルは江戸に向かう途中、鈴ヶ森でその光景を見た。
「品川の手前には刑場があって、通り過ぎる旅行者はそれを目にして、むかつくような気持ちになる。人間の首や手足を切った胴体が、死んだ家畜の腐肉の間に混じって横たわっていた。なおほかに、やせた大きな犬が餓《う》えて大口を開け、腐った人間の体を食いまわっていた。なおほかに、たくさんの犬やカラスが、食卓が空いたら腹いっぱい食べようと、いつもそばで待っていた」（『江戸参府旅行日記』斎藤信訳）
気持ちのいい話ではないが、事実は事実として、きちんと書いておこう。

●犬の糞はどう処理されたか

現在、犬の糞は拾って持ち帰り、水洗便所に流されることが多いが、江戸時代、とくに江戸では肥にならない犬の糞を便所に捨てることはなかっただろう。将軍家も大名も民家も人糞は金肥《きんぴ》として近郊の農家に売っていた。そこに犬の糞が混ざっていたら、肥の価値ががくんと下がる。長屋の共同便所の人糞は大家の貴重な現金収入だから、そこへ犬の糞を捨てたら大家にこっぴどくしかられたはずだ。大家は差配《さはい》とも呼ばれ、家主や地主に託されて長屋を管理・差配するのが仕事だった。

江戸時代初め、江戸のごみは空き地に捨てたり、埋めたりしていたが、人口が増えるにつれ、それでは処理しきれなくなった。そこで四代将軍家綱時代の明暦年間、幕府は新しいごみ収集と処分法を採用した。江戸町民の多くが住む長屋（裏店《うらだな》）を例にとると、ごみは長屋のごみ溜《ため》に捨てられ、そこから各町内、または複数の町内が共同で設けた大ごみ溜（大芥溜《ごみ》）に集められ、さらにそこから堀沿い、川沿いのごみ集積所に移され、ごみ取り船に積み込まれた。ごみの移動は各町内から委託されたごみ請負人が行い、その経費は町内の公金から出した。肥料になるごみは近郊の農家へ、ならないものは幕府が指定した隅田川河口の浅瀬・湿地に捨てられた。幕府指定の最初のごみ捨て場が永代浦《えいたいうら》（江東区）で、次に越中島《えっちゅうじま》（同）の浅瀬がごみ捨て場となった。ごみで満杯になると、埋め立て地にして人が移り住んだ。（参考図書・伊藤好一『江戸の夢の島』）

　問題は犬の糞だ。各町内で頼んでいるごみ請負人は、それを専門の仕事にしているわけではない。別に仕事を持っていて、必要な時だけごみを収集、運搬する。はっきりしたことは不明だが、通りに落ちている犬の糞の収集まで彼らの仕事だったとは考えにくい。江戸のごみのリサイクルシステム、収集システムから犬の糞は外れていたと思われる。

『東海道中膝栗毛』の弥次さん、北さんが東海道に旅立つ前、弥次さんの女房の所に醤油を借りに来た裏長屋の女房が大家のおかみさんの悪口を盛んにいう。家賃の催促をうるさくいう時間があるなら、どぶ板の修理、犬の糞の掃除をすればいいじゃないか、というのだ。

あの又おかみさんも、あんまりじゃアござりゃせんかへ。ナント店賃《たなちん》の一年や二年溜ったとって、一生やらずに（払わずに）おきゃアしめへし、それをやかましくいうくらへなら、どぶ板の腐った所もどうぞする（どうにかする）がいゝ、じゃねへかへ。そして犬の糞も、てん〴〵（自分）の内の前ばかり浚《さら》って、長家《ながや》のものはなんだとおもっているやら。（『東海道中膝栗毛』）

長屋に住む犬は特定の飼い主がいるわけではない。だから長屋の共用部分に落ちている犬の糞の始末は大家の（かみさんの）仕事で、それに大家さんは共同便所の糞尿を売って収入を得ているじゃありませんか、という理屈だろう。

各家庭から出たごみは、その家の女たちがごみ溜めに捨てる。台所関係のごみに男は触ってはいけない。犬の糞は各家庭から出るごみではないから、だれも積極的に始末しようとはしない。犬の糞を長屋のごみ溜めに捨てる習慣もなかったのではないか。町のごみ請負人はごみが溜まるまで何日も来ないので、犬の糞を溜めておいたら不潔だ。ハエ発生の温床になりかねない。

どこか適当な場所に埋めればいいのだが、だれがそれをやるのか。道路を掘り返してごみを埋めることは幕府が禁止している。町中には公園もない。江戸中心部の町人地には根元に犬の糞を埋められるような大木もない。借家に小さな庭がついていたとしても、自分の飼い犬でもない犬の糞を拾って埋める奇特な人は少ない。

通りを含め、各町内の清掃は各町内の責任でやるのが江戸のルールである。将軍の御成《おな》り、外国使節の往来がある時は、幕府から道路清掃の指示が出るから犬の糞も一掃される。表通りの商家は客が犬の糞を踏んだりしないように、店の小僧や下働きが片づけただろう。いきおい、犬の糞は横町や路地、裏通りに集中する。

八代将軍吉宗の時、京都から江戸に入ってきた豊後節《ぶんごぶし》は風紀上よくないと弾圧禁止される。豊後節は江戸で常磐津《ときわず》節、富本《とみもと》節、清元《きよもと》節と姿を変えて人気を博し、やがて江戸の町のあちこちに浄瑠璃・三味線の稽古所ができた。

浮世絵師の渓斎英泉《けいさいえいせん》は一筆庵主人と名乗って戯作を書いた。『勧善懲悪稽古三味撰《けいこさみせん》』（弘化《こうか》三年・一八四六年）は浄瑠璃・三味線の稽古に来た男どもの滑稽話だ。その作中の三人の男の会話。江戸っ子はみんな口が悪い。

げび蔵「やっかましいやつらだ。ちょっと、さらって（稽古して）行くんだ」

出太郎「だれも油揚げを買いに行きァしねえぜ」（買わないから鳶《とんび》に油揚げをさらわれない）

出太郎「掃溜《はきだめ》や溝《どぶ》はさらわねえでもいいぜ。大家さんの係だ」

得手吉「ナニついでなら、板塀の前の犬の糞をさらって行かッしな」

げび蔵「手めへ達のような糞《ふん》しのわりい（尻の始末の悪い）犬はいねえから、この新道《しんみち》にゃァばゞっちい（糞）はねエ」（要約。傍点は筆者）

この男たちが通う三味線の稽古場は新道に面している。新道は空き地などを有効利用するため新しく作られた道で、狭い道には犬の糞が多かった。八丁堀の通称「犬の糞新道」もその例に入る。町人地の場合、長屋の共用部分の清掃は「大家さんの係」だが、新道に面した板塀の前の犬の糞の清掃は、最終的には町名主が統括するそれぞれの町の責任だったと考えられる。

だれにも拾われない犬の糞がどうなるのか、気になるので簡単な実験をしてみた。わが家では犬の糞をトイレに流しているが、流さずに庭の片隅に置いてみた。六日たって犬の糞を調べてみると、センチコガネ、ニクバエの幼虫、ワラジムシが糞を食いあさり、八日目に糞は消えた。センチコガネは、漢字で書けば雪隠金亀子《せっちんこがね》。ようするに糞食い黄金虫《こがねむし》である。『昆虫記』を書いたファーブルの糞食い虫がスカラベ・サクレと呼ばれ、聖タマオシコガネと訳されたのに比べると、ウン泥の差である。ただし虫が盛んに糞を処理してくれるのは温暖な時期だけだ。しかも糞が消えるまでに時間がかかる。

冬になり、虫たちが活動しなくなると糞はなかなかなくならない。その代わり糞は乾燥して干からびてしまう。ここで雨が降ると干からびた糞は雨でふやけ、一部は雨水とともに流出し、雨が上がって乾燥するとさらに小さくなる。そして気づいた時には、だれが捨てたわけでもないのに犬の糞は消え、自然にかえる。

犬の糞は乾燥するにつれて臭いが消え、軽くなり、処理しやすくなる。路上に放っておくことに、それなりのメリットがあったといえなくもない。江戸の犬の糞は自然に消えるのを待つか、だれかがどこかに埋めるか、乾燥した状態でごみ溜めから船に積まれて埋め立て地に捨てられるか、そのどれかの方法で処理されていたように思われる。

●実は江戸の町に貢献していた犬の糞――シーボルトの証言

江戸の町にいる犬のほとんどは飼い主がいない。町に住み着いて、町の人から餌をもらって暮らしている。イエズス会が編纂《へんさん》した日本語―ポルトガル語辞書『日葡《にっぽ》辞書』（一六〇三年・慶長八年刊）に「サトイヌ」（里犬）という言葉が載っている。

【サトイヌ】　村里に養われている飼犬（『日葡辞書邦訳』）

個人ではなく、村里で養っている。里犬が町で暮らせば、町の犬、町犬になるが、普通はただ「犬」と呼ばれている。町犬に飼い主はいないが、野良犬とは違う。町犬は共同体の一員として生活することが認められているが、野良犬は共同体の一員ではない。明治になって、飼い主のいない犬はすべて撲殺されることになり、日本中どこにでもいた里犬（町犬、村犬）は絶滅してしまった。現代風にいえば、里犬は「地域住民に養われている地域犬」のことだが、現代日本では法律上も「地域犬」の存在は認められていない。

悪口をいわれ続けて来た犬の糞だが、実は江戸のごみ問題解決のために大切な仕事をしてきた。とくに生ごみの処理に関して、江戸の町犬が果たした役割はかけがえのないほど大きい。

江戸の町犬の食い物は主に残飯である。残飯といっても、この当時はおまんま（ごはん）の粒を食べ残すような人はいない。おまんまは人が口にするもので、犬に食わせるものではなかった。江戸では、将軍から町民まで魚をよく食べた。魚の食べ残し、頭やしっぽ、内臓まで、みんな犬にやった。犬は芋の切れはしや野菜くずも食べた。

残飯を犬にやるのは主として女たちの仕事である。弥次さんの女房に醬油を借りに来た裏長屋の女房は、犬の糞を拾わない大家の女房の悪口はいっても、糞をする犬の悪口はいわない。「糞ばかりしやがって、がまんならない。出て行け」と追い払ってもよさそうなものを、そうはしないで毎日残飯をやっている。もし犬がいなければ、長屋じゅうの生ごみがごみ溜めにどんどん溜まっていく。夏場などあっという間に腐敗して、悪臭を放ち、ハエがたかる。町犬の主な仕事は番犬として不審な人物が来た時に吠えることだが、むしろ生ごみの処理をその仕事の第一に挙げるべきかもしれない。

江戸時代の人たちは、犬の好物は魚だと思っていた。生類憐み時代の元禄五年（一六九二年）、喜多見《きたみ》（世田谷区）に病犬のための犬囲い（犬小屋）が設けられたが、この時、犬たちには特別に生魚が与えられた。大田南畝《なんぽ》史料『竹橋余筆《ちっきょうよひつ》別集』に元禄五年一年分の喜多見犬小屋の魚消費の明細が載っている。元旦から大晦日《おおみそか》まで、ここで養われた「総御犬数（延べ数）」は一万三千八百七十八匹、一日平均では三十九匹強になる。

一年間の生魚消費量――

アジ　　三百九十七（尾）

サヨリ　　三百十五

キス　　　二百五十六
スバシリ（ボラの稚魚）　三百八
イシモチ　五百
アイナメ　二百九十

魚は焼くか味噌汁に入れるかして火を通し、ご飯にまぜてやった。

カツオ節は一年で千二百本消費した。削って飯にかけたり、味噌汁用に使った。病犬に薬を飲ませる時にも使った。ほかにゴマメを一石《こく》一斗五升、味噌三百七十四貫《かん》余を消費した。犬一匹に一日味噌百グラムの計算になる。「養生」のため近くを流れる多摩川の河原に犬を散歩に連れて行く時はゴマメを持参して犬にやった。

喜多見の犬囲いでは特別な献立で犬に食事が与えられたが、犬に魚をやることは江戸時代人の常識だった。人が食べない残りの部分は犬にやる。猫の分け前は犬に比べれば、ずっと少ない。

犬が白米をたらふく食べさせてもらった例外的な時代があるにはある。生類憐みの令で中野犬小屋に収容された犬たちは下等米ではあるが、犬一匹につき米一日二〜三合、味噌十匁《もんめ》、干鰯《ほしか》一合が割り当てられた。江戸中期の農政家・田中丘隅《きゅうぐ》は吉宗政権の求めに応じ、民政についての意見書『民間省要』を幕府に提出したが、その中で「犬小屋が出来て一年の間に、その数半分とまではいかないが、病犬、死犬の数はお

『神名川横浜新開港図』(部分)　五雲亭貞秀《ごうんていさだひで》
鰹をくわえて逃げる犬を天秤棒を持った魚屋が追いかけている。(横浜開港資料館蔵)

びただしかった」と述べ、その理由を「小屋に詰められ、山野を走ることもなく、人間と同じように白米ばかり食っているせいだ」と述べた。もっと魚をやるべきだった。白米ばかり食っていると、犬も脚気《かっけ》になる。当時の人はそのことを知らなかった。

文政五年（一八二二年）、十一代将軍家斉への表敬のため江戸を訪問した長崎オランダ商館員フィッセルは、町犬の食事の様子を目撃し、次のように書いている。

犬と猫は日本には非常にたくさんいる。とくに犬は街犬（町犬）と呼ばれているものに属している。実際は、どの犬にも飼い主はいないのだが、彼らは町中をさまよっている。そして町角のある決まった場所で十分な食べ物を見付けることができる。それらのどの場所でも、住民たちは犬を養うために余った食べ物を運んでくれる。（筆者訳、邦訳本『日本風俗備考』）

街犬（町犬）は原文（オランダ語）では「straat（街）honden（犬）」、英語版では「street dog」と訳されている。この本は幕末、日本に輸入され、幕府の蕃書調所《ばんしょしらべしょ》で杉田玄白《げんぱく》の孫・杉田成卿《せいけい》が引用文の冒頭部分を「犬猫の属、甚《はなは》だ多し、就中《なかんずく》街犬最も多し」と訳している。

犬に餌をやる場所はだいたい決まっていて、そこに台所の残り物を住民が運んでいた。

オランダ商館長の江戸参府は四年に一度と決められていた。次の江戸参府は文政九年（一八二六年）だった。この時、オランダ商館医師として来日していたシーボルトが随行した。シーボルトは長崎・江戸の往復旅行の間、日本の動植物の標本を精力的に収集し、日本人絵師が描いた図譜と一緒にオランダのライデン博物館（王立自然史博物館）に送った。

博物館はシーボルトの標本、資料を分類整理し、甲殻類、爬虫《はちゅう》類、魚類、哺乳《ほにゅう》類、鳥類に分け、『ファウナ・ヤポニカ』（日本動物誌）のタイトルで順次刊行した。本は博物館員がフランス語で執筆した。シーボルトが直接書いたものではないが、日本の動物研究書として非常に貴重である。一八四二年（天保十三年）刊行の「哺乳類」の中に、シーボルトの手書きノートに基づいた町の犬についての記述がある。

街路が木戸で閉ざされている日本の町では、それぞれの町に家族としての特権が与えられた犬たちが養われている。犬たちは個人の所有物ではなく、犬たちが住み着いているその町の住人の共有物なのだ。犬たちはその町の番人であり、激しく闘うことで隣町の犬の侵入を防いでいる。

このような町の犬たちは魚の残り物、野菜くずやあらゆる生ごみをむさぼり食う。こうして彼らは町の清潔さを維持することに貢献し、そのために二重に役立っている。

彼らの食料は主に魚である。この国のすべての村が川沿いにあり、日本人自身に魚食癖があることから考えて村の犬はまさに魚しか食わない。この国では魚の残滓《ざんし》は肥料にもなる。（筆者訳）

シーボルトは、日本の町の犬は番犬としてそこに住み着いているが、魚を中心とした生ごみを食べることで都市を清潔にしていると、明確に述べている。

犬の糞、犬の糞とさんざん悪口をいわれながら、犬の糞が江戸の町からなくならなかった理由がこれではっきりしたのではないか。犬が残飯を食ってくれるおかげで江戸の町は生ごみの腐臭と汚染から解放されていたのである。

6　明治に流行「伊勢屋稲荷に犬の糞」

●「伊勢屋稲荷…」、新聞雑誌に登場

江戸で使われた形跡のなかった「伊勢屋稲荷に犬の糞」は、江戸から東京になると、かつての江戸の町を形容する言葉として盛んに使われるようになる。その時期は明治二十年代のように思われるが、私の調べ方が足りないだけで、それより前かもしれない。

新聞での早い時期の使用例として、明治二十三年七月十四日付読売新聞、尾崎紅葉《こうよう》の連載小説『伽羅枕《きゃらまくら》』を挙げておこう。

京勤めの浅野家家臣に囲われた女が、ある夜の寝物語に「私をかわいいと思召《おぼしめ》すなら口でばかりいうて下さらず、一緒に江戸へ連れて行って下されまし」と年の離れた男に頼む。江戸には男の妻がいる。連れて行きたいが、連れて行くわけにはいかない。そこで男は、やめた方がいいと説得する。

さほど執心ならば、今度の下向《げこう》（江戸行）に連れるのもよけれど、何がよくてさほどに江戸〳〵というぞ。見ると聞くとは大相違《だいそうい》、むさき国ゆえ、むさし（武蔵）というなどとの悪口もありて、江戸一面が葺屋町《ふきやちょう》、堺町《さかいちょう》、浅草の観音様にはあらず、目につくものは伊勢屋稲荷に犬の糞、一度見ば（見れば）この京や恋しから

む。

『伽羅枕』は京から出て、吉原の遊女になった女の回顧談を小説にした。冒頭の話の舞台は幕末の京都。女は花の江戸に行きたがる。葺屋町（中央区日本橋）、堺町（同）には芝居小屋が立ち並ぶが、江戸はそんな楽しいばかりの所ではない。伊勢屋稲荷に犬の糞というではないか。

元遊女の話を聞いて、それをそのまま連載したのが『伽羅枕』で、紅葉自身が「小説とはいえない」と述べている。「伊勢屋稲荷…」のくだり、京都での男女の会話に使われると、それなりの現実味がある。言葉のひねりが効いてくる。

作家兼コラムニスト・斎藤緑雨が明治三十二年、雑誌『太陽』に書いた。

○伊勢屋稲荷に医者犬の糞とは、旧時、江戸市中に数多く散在《さんざい》したればなり。長州萩にては、伊藤井上犬の糞と、今も言うとぞ。

○名称の起原など、をかしければ（面白いので）一歳《ひととせ》（この一年）京のに倣《なら》いて、新しい稲荷考をつくらんと、わずかばかり手はつけしも、言うまでもなくわが計画なれば、これまた中止したりと知るべし。（『日用帳』）

緑雨の「伊勢屋稲荷…」には「医者」が入り、言葉の頭にすべて「い」の字を折り込んでいる。医者が入っているところを見ると、「伊勢屋稲荷に犬の糞」という言葉はまだ完全に定形化されていなかったようだ。さらに「京のに倣いて」とあるので、緑雨は京都発祥の言葉と考えていたことがわかる。

これだという絶対的な証拠はないが、「伊勢屋稲荷…」が上方発祥であることはほぼ間違いない、といっていいだろう。三遊亭円生の「鹿政談」、あの落語も発祥の地は上方だった。これも私の説の傍証《ぼうしょう》にはなるだろう。

●犬の糞を語る「鹿政談」は上方生まれ

三遊亭円生の「鹿政談」は話の枕が長い。延々と続く。枕の導入部は江戸の名物尽くしで、それから、京都、大阪、奈良の名物尽くしに移っていく。

昔から名物と申しますが、いろいろ名物は土地によって違うもので、江戸と申しました時代、

武士・鰹《かつお》・大名小路・生鰯《なまいわし》・茶店・紫（染物、江戸紫）・火消・錦絵

このほかまだ追加がありまして、

火事・喧嘩・伊勢屋稲荷に犬の糞…
という、あんまりいい名物じゃァありませんが…
京都ゥというところはまことに名物も綺麗でございまして、
水・壬生菜《みぶな》・女・染物・針・扇・お寺・豆腐に人形・焼物、
という。これが大阪へまいりますと、
舟と橋、お城・惣嫁《そうか》（夜鷹《よたか》・街娼）に酒・蕪《かぶら》、石屋・揚屋《あげや》に問屋・植木屋
という。
大阪からすこしはなれました古《いにしえ》の都、奈良へまいりますと、
大仏に、鹿の巻筆・奈良晒《ざらし》、春日燈籠《かすがとうろう》・町の早起き…そのほか奈良茶、奈良漬、
奈良茶粥《ちゃがい》（『円生全集』）

この枕は、もともとは上方で作られた江戸、京都、大坂の三都比べの狂歌を骨格にして作られている。奈良の分は円生が自分の工夫で入れたようだ。

寛保《かんぽう》二年（一七四二年）、江戸を離れ、大坂の舞台に出た二代目市川団十郎（当時は市川海老蔵）が三都名物比べの狂歌を書きとめ、随筆『老《おい》のたのしみ』に載せている。

京の名物　水　水菜　女　染物　みすや針　寺と豆腐に　黒木　松茸《まつたけ》

大坂の名物　橋と船　御城　白人《はくじん》　茶屋揚屋　天王寺《てんのうじ》蕪《かぶ》に　石屋　植木屋
江戸の名物　鮭　鰹　比丘尼《びくに》　むらさき　生いわし　大名小路　ねぶか　大根

［注］黒木は女が頭にのせ売りに来る黒い薪《たきぎ》。白人は素人「しろうと」を売り物にした遊女。比丘尼は出家姿の私娼。むらさきは染物。歌舞伎・助六《すけろく》の鉢巻の色と同じ。ねぶかはネギ。

明和《めいわ》八年（一七七一年）、関宿《せきやど》藩士・池田正樹も大坂で耳にした三都狂歌を書きとめた。

京都名物狂歌　宮と寺　女　呉服に針とうふ　水　松茸に　水菜　たけのこ
難波《なにわ》名物狂歌　橋と船　芝居　新町　干かぶら　伽藍《がらん》　問屋に　いしや　うえきや
東都名物狂歌　蕎麦　いわし　大名屋敷　鮭　かつを　比丘尼　紫　浅草の海苔
（『難波噺《ばなし》』）

三都比べの狂歌は上方発祥だ。ここに出てくる江戸（東都）の狂歌も上方で作られている。その証拠に江戸名物として生鰯が入っている。鰯は下魚《げざかな》である。上方ではとくに下魚である。名物尽くし狂歌には、生鰯を食う江戸に対する上方の驚きと皮肉が込められている。

平安の昔、京都での話。和泉式部《いずみしきぶ》が下魚の鰯を食べているところに夫が現れた。恥ずかしいので鰯を隠す。夫は男からの手紙を隠したのではないか疑う。そこで和泉式部が一首、

日の本にいはゝれ（祝われ）給《たま》ふいわしみづ（石清水《いわしみず》、鰯水《いわしみず》）まいらぬ人はあらじとぞ思ふ

だれもが石清水八幡《はちまん》にお参りするように、私も鰯を食べていると弁解した。もちろん作り話。（『猿源氏草紙』）

琵琶《びわ》の名手、藤原孝道《たかみち》は遊び歩いて、師（藤原師長《もろなが》）との約束を破った。怒った師長は、罰として麦飯に鰯をまぜて孝道に食わせた。（『古今著聞集』）

上方、とくに京都では鰯はまともな食い物ではなかった。

江戸っ子は生鰯を名物に挙げたりしない。江戸湯島生まれの三遊亭円朝は「政談月の鏡」（明治二十五年）の枕で「江戸の名物は、武士、鰹、大名小路、広小路、茶見世《ちゃみせ》、紫、火消、錦絵」とやっている。「生鰯」が「広小路」に替わっている。生鰯が江戸名物にならないことくらい重々《じゅうじゅう》承知の助だった。円生「鹿政談」と違い、火消、錦絵のあとに「伊勢屋稲荷…」が出てこない。「なぜ」ともし円朝に尋ねれば「江戸っ

子はそんなこといいません」ときっぱり答えただろう。

●「鹿政談」の奈良奉行のモデル

奈良の町は早起きで有名だった。一説には、鹿が家の前で死んでいると困るので、朝早く起きて家の前を調べ、鹿が死んでいれば隣にそっと移しておくためだという。これも面白がって作られた話だろう。奈良では鹿を殺せば死刑になる。それも穴を掘って石と一緒に埋められる石子詰めの刑だ。興福寺の伝説では、三作《さんさく》という寺の小僧が習字の紙を鹿に食われ、目の前にあった文鎮を投げ付けたところ、急所に当たって鹿が死んでしまった。興福寺菩提院《ぼだいいん》には「伝説三作石子詰之旧跡」の碑が立っているが、あくまで「伝説」である。近松半二《はんじ》作の浄瑠璃『妹背山婦女庭訓《いもせやまおんなていきん》』では、猟師の息子三作が父をかばい鹿殺しの罪を背負って名乗り出る。こちらは「創作」である。

落語「鹿政談」では、豆腐屋が薪《まき》を投げ付ける。早起きの奈良の町のその中でも、豆腐屋の朝はとりわけ早い。まだ夜の明けぬ暗いうち、豆腐屋がおからを食べている犬を見つけ、怒って薪を投げると、これが急所に当たり犬が死んだ。ところが、よく見ればこれが鹿。正直者の豆腐屋は観念してお裁きを受ける。鹿を殺したと正直に述べる豆腐屋を、奈良奉行は「鹿ではない。犬であろう」といいくるめ、命を救う。

「鹿政談」はもともと上方の講談だった。明治二十五年ごろ、落語家の禽語楼《きんごろう》小さんが東京に持ち込み、「春日の鹿」の題で高座《こうざ》にかけている。円生も小さんの口演速記を参考にしたといっているが、「春日の鹿」には「伊勢屋稲荷…」が出てこない。

正岡容《いるる》（作家、落語研究家）は戦前、三遊亭円馬《えんば》（三代目）の「鹿政談」を聞いて、奉行が下役を「黙れ」と大喝一声《だいかついっせい》するところでブルブルとふるえたという。二度目に聞いた時もまたブルブルふるえた。（「三遊亭円馬研究」『正岡容集覧』）

三代目円馬の速記は見つからないので、弟子の四代目円馬の録音盤（昭和四十九年）を聴くと、枕は円生とほぼ同じで、「生鰯」も「伊勢屋稲荷…」も入っていた。三代目円馬、四代目円馬はともに上方落語の出身である。「伊勢屋稲荷…」の淵源《えんげん》をたどろうとすると、いつも上方へ行き着く。

余談を少々。豆腐屋を裁いた奈良奉行はだれなのか。

館林藩士・岡谷繁実《しげざね》が書いた『名将言行録』によると、裁いたのは京都所司代《しょしだい》の「板倉内膳正重矩《ないぜんのしょうしげのり》」。豆腐屋は薪ではなく、包丁を投げた。

明治の人気講釈師・邑井吉瓶《むらいきっぺい》は、同じ板倉でも「板倉周防守重宗《すおうのかみしげむね》」。前出重矩の伯父にあたる。

明治の作家・饗庭篁村《あえばこうそん》（竹の屋主人）の「鹿政談」は「根岸肥前守《ひぜんのかみ》」だが、幕末に奈良奉行を務め、のち勘定《かんじょう》奉行になったと書いているので、該当者は根岸肥前守衛《もり》奮《いさむ》。勘定奉行の後に江戸町奉行になった。

三遊亭円生は、同じ「根岸肥前守」だが、前者の曾祖父・根岸肥前守鎮衛《やすもり》のつもりで話をしている。十七年間江戸町奉行を務めた伝説的人物だが、奈良奉行はしていない。

落語の中では、ほかに「石河土佐守」「松野壱岐守《いきのかみ》」「曲淵甲斐守《まがりぶちかいのかみ》」が裁いている。該当しそうな「石河土佐守」は二人いて、一人は江戸町奉行、もう一人は京都町奉行と江戸町奉行を務めているが、奈良奉行はしていない。「松野壱岐守」は大坂町奉行と江戸町奉行、「曲淵甲斐守」は大坂町奉行と江戸町奉行の経験者だが、どちらも奈良奉行はしていない。

桂　米朝《かつらべいちょう》は、はじめ円生流の「根岸肥前守」だったが、DVDの全集では「曲淵甲斐守」でやっている。ユー・チューブで見ると「川路《かわじ》左衛門尉《さえもんのじょう》」や名前のない奈良奉行も裁いている。

それらしい人物がさまざまに登場するのが講談、落語の世界。とやかくいうほどのことではないが、皆さんそれぞれ自由に登場人物を設定している。

川路左衛門尉（聖謨《としあきら》）は天保の改革後の政変で江戸を追われ、奈良奉行を五年務めた。のちに幕府の要職・勘定奉行を務める。現在の奈良女子大が奈良奉行所跡。川路が着任して庭を見ると大きな犬がいた。「よく見ると鹿だった」と日記に書いている。

犬の姿は見かけない。鳴き声も聞かない。鹿に害があるというので犬が出てくると犬狩りをしてしまうからだ。

川路が赴任した年、弘化三年（一八四六年）七月末に事件が起きた。町の若者が鹿の角切りの準備で鹿を取り押さえた時に、誤って殺してしまったのだ。

「御奉行、御裁きを」と興福寺から申し立てがあった。調べると、鹿の角切りは百七十五年前、寛文十一年（一六七一年）に奈良奉行立ち会いで始まったことがわかった。

川路は江戸の留守宅の母親に日記代わりの手紙を書いた。

七月三十日「鹿の角を切るのは、鳥の羽根、人の指を切るようなものです。すでに鹿を傷付けることを認めた以上は、誤って死なせてしまうこともないとはいえない。ここは今までの法でもって裁くことはできないというと、皆、大いに納得し、服してくれました。鹿を殺す者は興福寺の山内《さんない》を引きまわし、石子詰めの刑に処し、あるいは首をはねるというのは戦国時代以前のことでしょう。それを国家の法律のように考えるのは困ったものです」

八月四日「鹿を誤って殺したことについては書物類がたくさんあります。調べてみると、世の中でいわれているのは根拠のないものばかりで、鹿を殺して成敗となったのは寛永十四年（一六三七年）四月二十八日が最後でした」

「鹿政談」の奉行には川路の姿がかなり投影されているように思われる。

●「伊勢屋稲荷…」、ついに東京で広まる

落語の口演速記を読む限りでは、東京で「伊勢屋稲荷…」を最初に使った落語家はステテコ踊りで一世を風靡《ふうび》した三代目三遊亭円遊《えんゆう》である。新作落語「素人洋食」（明治二十三年、口演速記）の枕に出てくる。「素人洋食」は前年十一月の東京改良演芸会でも話をした記録がある。尾崎紅葉の『伽羅枕』より先に、高座で落語家が「伊勢屋稲荷に犬の糞」とやっていたことになる。

只今《ただいま》では随分ソノ、男女同権とか女権の拡張とか云う八釜敷《やかまし》い事を云う事が流行りますが、何でも昔と今とはグッと此の世の中の様子が変わって来て、徳川家時分には、

武士、かつお、大名小路、広小路、茶見世、むらさき、火消、錦絵、火事に喧嘩に中ッ腹《ちゅうぱら》、伊勢屋稲荷に犬の糞なり

と申したのが、只今では、

馬車、電気、針金便り、人力車、桑茶畑に沖の常灯・招魂社《しょうこんしゃ》、花火祭に鉄の橋、五階屋造り、時の大砲…（略）（『口演速記明治大正落語集成』）

［注］中ッ腹＝短気なこと、針金便り＝電信、桑茶畑＝一面桑畑、茶畑に変

わった麹町《こうじまち》武家屋敷跡、沖の常灯＝九段坂の常燈《じょうとう》灯台（現存している）、招魂社＝靖国《やすくに》神社、鉄の橋＝新橋完成、五階屋造り＝兜町《かぶとちょう》にあった三井組ハウス、時の大砲＝昼を告げる皇居内の大砲

西南戦争（明治十年）が終わり、自由民権運動が始まり、きゃんきゃんうるさい民犬（民権）運動と揶揄されたが、何はともあれ大日本帝国憲法（明治二十二年）が発布され、帝国議会が開設（明治二十三年）された。江戸っ子にも、徳川時代の江戸を客観視できるゆとりが生まれ、江戸の懐古録が次々と出た。そういう時代背景の中で、「伊勢屋稲荷…」は東京で日の目を見たといえそうだ。

この円遊と前出の禽語楼小さんは、円朝以後の明治落語界を担った超人気者だった。夏目漱石《そうせき》が「円遊の扮した太鼓持は、太鼓持になった円遊だから面白いので、小さんの遣《や》る太鼓持は、小さんを離れた太鼓持だから面白い」と小説『三四郎』に書いたほどだ。明治のこの時代、落語と講談が世の中に与えた影響は現在とは比べようもなく大きい。

伊予松山出身の俳人正岡子規《しき》は明治十六年（一八八三年）、十七歳で上京し、大学予備門から東京・帝国大学哲学科、国文科に進んだ。このころ寄席通いを始め、随筆『落語連相撲』では円遊と小さんを取り組ませて引き分けにしている。明治二十年こ

ろから思い立って諺の収集を始め、明治二十三年に未発表の諺集『日本の諺』（『子規全集』第二十巻）をまとめている。収集した諺は五百余り。その中に「伊勢屋稲荷に犬の糞」が入っている。収集先は円遊の落語だったかもしれない。

江戸時代を含め、子規以前の諺集には「伊勢屋稲荷…」が見当たらない。江戸時代最大の諺集『俚諺《りげん》集覧』（太田全斎《ぜんさい》編、江戸後期）にもない。

辞書類、諺集の「伊勢屋稲荷に犬の糞」掲載の有無を簡単にまとめておく。

『ことばのはやし』	明治21年	物集高見《もずめたかみ》	なし
『日本の諺』（未発表）	明治23年	正岡子規	あり
『古今俚諺類聚《るいじゅう》』	明治26年	岡本経朝	なし
『日本新辞書』	明治28年	三田村熊之介	なし
『動植物にちなめる諺』	明治31年	藤井乙男	あり（雑誌『帝国文学』所載）
『俗諺辞林』	明治34年	干河岸貫一	あり
『皇国俚諺叢《りげんそう》』	同	松本真弦	あり
『諺語《げんご》大辞典』	明治34〜42年	藤井乙男	あり
『俚諺調』	明治38年	新渡戸《にとべ》稲造	なし
『俚諺辞典』	明治39年	熊代彦太郎	あり
『日本俚諺大全』	明治39〜41年	馬角斎	あり

子規『日本の諺』を除くと、「伊勢屋稲荷…」が諺集に登場するのは明治三十年代に入ってからだった。

御一新を二十歳で迎え、維新後、紡績会社を経営した鹿島万兵衛の江戸回顧録『江戸の夕栄《ゆうばえ》』には、「伊勢屋」「稲荷」「犬の糞」という項目があることはあるが、鹿島も「江戸で伊勢屋稲荷に犬の糞といった」とは書いていない。「出火」という項目に「火事喧嘩伊勢や稲荷に犬の糞とて、火事も江戸の名物に数えられしも…」とある。頭に「火事喧嘩」とついているところから見ると、明治時代にはやった落語の枕から引用しているようだ。

これまで「江戸でいわれていた」と思われていた「伊勢屋稲荷に犬の糞」が「江戸でいわれなかった」ことを示唆する傍証史料ばかり出てくる。「伊勢屋稲荷…」は明治になって東京の落語家が高座でしゃべることによって、ありし日の江戸を形容する常套句《じょうとうく》となっていったのではないだろうか。

「伊勢屋稲荷…」は語呂がよくて、おかしみがあって、しかも最後に「犬の糞」をつければ、転用がきくので、明治になってさまざまな地方型の地口・俗諺を生んだ。

長州・萩では、「伊藤井上犬の糞」（斎藤緑雨『日用帳』明治三十二年）

明治の元勲、伊藤博文、井上馨《かおる》は犬の糞だというのだが、使い方で意味が異なる。

伊藤、井上のような人材は長州にはいくらでもいるという意味か。それともけなしているのか。誇りとやっかみが入り混じる。
福島の磐城《いわき》・相馬地方では、「佐藤斎藤犬の糞」（藤井乙男『俗諺論』明治三十九年）
佐賀では、「山口田中犬の糞」（中野三敏・九大名誉教授の教示による）
鹿児島では、「山下中村犬の糞」（鹿児島出身の友人の教示による）
福島、佐賀、鹿児島は犬の糞のようにこの姓の人が多いというたとえだ。

7　犬の糞横町

●浅草雷門、麻布飯倉

犬の糞横町とか、小便横町といわれる通りは江戸の各所にあった。浅草雷門のすぐ近くにも犬の糞横町があった。

江戸下谷《したや》のおもちゃ職人のせがれ光蔵は文久三年（一八六三年）、十二歳の時、浅草の仏師、高村東雲《とううん》に弟子入りし、その後、東雲の姉の養子となった。明治二十二年に東京美術学校雇いとなり、翌年教授に昇進。光雲と名乗った。皇居前広場の楠公《なんこう》像

（楠木正成像《くすのきまさしげ》）、上野公園の西郷隆盛像の原型を木彫で制作した。

光雲は晩年になっても、修業時代、使い走りに出歩いた浅草の町の様子をよく覚えていた。雷門に向かって左側に山屋という酒屋があり、隣が遠山という薬種屋《やくしゅ》、手前に十一屋という二八《にはち》そば屋。駒形《こまがた》の方の境に金物屋の伊阪、右側が天ぷら屋の奴《やっこ》で、隣がお歯黒を売る三太郎ぶし。

その手前に「清瀬」という料理屋があってなかなか繁昌《はんじょう》しました。その横町が、ちょっと不穏当なれど犬の糞横町……これも江戸名物の一つとも申すか……（『幕末維新懐古談』）

繁昌した料理屋のわきの横町が犬の糞横町と呼ばれたが、これも俗称で、地図や看板にそう書いてあるわけではない。

犬の糞横町は麻布飯倉《いいくら》にもあった。

島崎藤村《とうそん》の随筆『市井《しせい》にありて』の付記に「大阪高麗橋《こうらいばし》のS君という未知の人からも手紙を貰った。私なぞの知らなかったようなことまで書いてよこして呉《く》れた」とあり、手紙には藤村の住んでいた飯倉辺の昔の様子が記されていた。

それから、わざとあなたは省略になったと思いますが、熊野神社の上にある小さな横町は犬の糞横町と呼んでいました。祖父の代から呼んでいたので、口悪の江戸っ子の命名でしょう。伊勢屋稲荷に犬の糞という俚諺を裏書する場所です。

江戸時代の切絵図を見ると、熊野神社は熊野権現《ごんげん》と記されている。犬の糞横町は細い坂道で、坂を上りつめると、三春《みはる》藩（福島）中《なか》屋敷の塀に突き当たる。そこは現在ロシア大使館になっている。

八丁堀の与力屋敷のすぐわきの道が「犬の糞新道」と呼ばれていたことはすでに書いた。犬の糞横町はまだほかにもあったはずだが、正式名称ではないので、地図上にその名は残らない。

江戸のことばかり書いてきたが、『大阪府全志』（大正十一年）の「大阪市南区（現・中央区）」の項に「骨屋《ほねや》町筋より西へ入る小路には、犬糞小路の名あり」と記されている。これは明治以降の俗称だろう。

●夏草に犬糞多き小道かな

正岡子規が『糞の句』と題した大真面目な俳論を書いている。「西洋の詩、漢詩はたくさんあるけれど、糞の詩というのは見たことがない。では糞はとうてい詩にならないかと思えば、俳句には糞の句がたくさんあるから不思議だ」と子規はいう。

「この馬糞にいくらかの趣味がある。これは配合が簡単で善《よ》く調和しているためである」

紅梅の落花燃ゆらん馬の糞　蕪村

「獣の糞でもっとも多いのは馬糞の句である」

かきよする馬糞にまじる霰《あられ》かな　林斧

四谷《よつや》から馬糞のつづく枯野かな　青莪

「牛の糞はきたないから（俳句に）余り用いない」

牛馬の糞踏み分けて雪間かな　貞好

冬枯の道のしるべや牛の屎《くそ》　卜尺

「人の糞となると扱いにくいと見えて、さすがの俳人も多くは作らなんだ」

桃咲くや宇治の糞船通ふ時　程己

下京《しもぎょう》は菜の花咲いて糞くさき　春水

「鳥の糞となると俳句に沢山ある」

鶯《うぐいす》や餅に糞する縁の先　芭蕉

慈悲すれば糞をするなり雀の子　一茶

「犬の糞という句はまだ見た事がない」（要約）

明治になっても庶民の犬の飼い方は変わらず放し飼いだった。一歩裏通りに入ると、まだまだ犬の糞が多かった。子規庵（台東区根岸）のわきに鶯横町と呼ばれる小路があった。実際に鶯のさえずりがよく聞こえるところだった。元禄時代、日光輪王寺《りんのうじ》門《もん》跡《ぜき》（東叡山寛永寺《とうえいざんかんえいじ》貫首《かんじゅ》を兼務）となった公弁法親王《こうべんほっしんのう》（後西《ごさい》天皇第六皇子）が江戸の鶯は鳴き声が良くないと寂しがり、京から鶯を取り寄せ、上野の山に放した。現在の鶯《うぐいす》谷《だに》から日暮里《にっぽり》、根岸あたりの鶯はその子孫だと噂されていた。

鶯横町には、美しいその名とは裏腹に犬の糞がたくさん落ちていた。蔭で犬の糞横町と呼ばれていた。

　　鶯横町

　夏草に犬糞多き小道かな　子規

『寒山落木《かんざんらくぼく》』（明治二十九年）、犬の糞横町、写生の句である。

8　伊勢屋と稲荷の数

●伊勢屋は十・七軒に一軒、稲荷は二千以上

ところで伊勢屋と稲荷は江戸にどのくらいあったのか。

まず伊勢屋。江戸幕府から明治新政府に引き継がれた幕府文書『諸問屋名前帳』に記載された伊勢屋の数を数えてみた。水野忠邦《ただくに》の天保の改革で廃止された株仲間《かぶなかま》がその後、復活した時に作成された業種別の問屋リストだ。株仲間に入っていない店は掲載されていないが、江戸の屋号のある店の全体像はかなりつかめる。

屋号のある問屋数　一万三五八八店

①伊勢屋　一二七〇店　（九・三五％）

②三河屋　五七三店　（四・二％）

③越後屋　四九〇店　（三・六％）

（複数の株を持つ者は一店で計算。数え方で数字は異なる）

米屋、油屋、炭屋、両替屋その他、あらゆる業種で伊勢屋が多い。屋号のある江戸の問屋のうち、十・七軒に一軒が伊勢屋の計算になる。ただ同じ屋号の店が多くても、どこどこ町の、何屋の伊勢屋といえば、区別がつく。

稲荷はどうか。まず、文政年間に幕府がまとめた『御府内備考続編』と『御府内寺社備考』を見てみよう。

寺社奉行が管轄する神社数　一一〇社
うち稲荷社　四三社
稲荷との合社　四社
その他　六三社

（稲荷社の比率四二・七％）

寺社奉行が管轄する神社内の末社稲荷数　八三社

この当時は神仏混淆《こんこう》だから、寺院の中にも稲荷社がある。

江戸の寺院数　九八四寺　寺内の稲荷社合計　六〇九社

寺院内の稲荷社の多くは鎮守の神様として祭られている。土地を鎮め、火を防ぐために稲荷社を置いたようだ。江戸の稲荷の総元締めは王子稲荷神社である。二月初午の日の稲荷祭りに、凧を揚げる風習があるが、凧は風を切り、火を防ぐ。江戸は火事が多いため、稲荷社が多くなったのではないか。赤坂・豊川稲荷《ほうじょう》をはじめ、王子稲荷と無関係の稲荷も多数あった。（実際にお参りする人は、五穀豊穣、商売繁盛、家内安全、病気平癒《へいゆ》、子育て祈願、いろいろな願い事をする）

浅草寺《せんそうじ》には僧房も含め、合計で五十の稲荷社があった。寺院の中でも飛びぬけて多い。宗派別では、一向《いっこう》宗は百二十四寺に二社しか稲荷を祭っていない。一向宗は他派の神仏禁制が厳しかったせいだろう。

江戸の稲荷の数はこれだけではない。町人地にはさらに多くの稲荷があった。幕府史料『町方書上《まちかたかきあげ》』（文政年間）に各町内にある神社が記載されているが、その中でも浅草は稲荷の密集地だ。

橋場町《はしばちょう》	総家数	三四九軒	稲荷数	四三社
新鳥越町《しんとりごえちょう》	総家数	五八七軒	稲荷数	四三社
聖天町《しょうでんちょう》・同横町	総家数	六一八軒	稲荷数	二七社
山谷町《さんやまち》	総家数	四〇一軒	稲荷数	二六社
浅草田町《あさくさたまち》一丁目	総家数	二六八軒	稲荷数	二一社

稲荷の名称はさまざまだ。朝日、子安《こやす》、真先《まさき》、熊谷《くまがい》、出世《しゅっせ》、佐渡、権十郎、利兵衛、呉服、増田、榊原、若宮、妙徳《みょうとく》、福徳、柳、松葉、白髭《しらひげ》、地主、末広……最も多いのが、頭に何もついていないただの稲荷だった。『町方書上』に載っていない吉原には、廓内《かくない》に明石《あかし》、九郎助《くろすけ》、開運《かいうん》、榎本の四稲荷、廓外に玄徳《よしとく》稲荷があった。吉原廃止後は、合祀《ごうし》されて吉原神社になった。

『町方書上』によると、浅草（台東区）は百五十六町に二百八十九社、下谷（同）は六十六町に八十四社、外《そと》神田（千代田区）は四十九町に三十三の稲荷があった。江戸町人地の中心である神田、日本橋、京橋、銀座も稲荷密集地だったと思われるが、このあたりは『町方書上』が残っていないので、詳細は不明。明治以降の神社資料を見ると、中央区、千代田区の神社の九割近くを稲荷が占めている。

しかし、江戸の中心部を離れると稲荷の数は激減する。四谷は二十七町に二十社、赤坂は二十九町に十七社と割合多いが、駒込は二十七町に二社、巣鴨は七町に稲荷なし、牛込は七十三町に九社、市谷は二十九町に六社、青山は十町に三社、麻布は六十一町に八社、芝は九十五町に九社しかない。

「伊勢屋稲荷に犬の糞」といわれるのにふさわしい町は現在の中央区、千代田区、台東区に集中していた。

北町、南町奉行所など幕府の役所、大名・旗本屋敷にも稲荷があった。幕府史料『諸向地面取調書《しょむきじめん》』（安政年間）には大名屋敷、旗本屋敷、御用屋敷など約一万四千件の屋敷・地面が記載されているが、稲荷の実数はわからない。

隅田川にかかる大川橋（吾妻橋《あずまばし》）、両国橋、新大橋、永代橋のたもとにも稲荷があった。土地鎮めのためだろう。

以上のすべてを合算すると、江戸の稲荷の数はどんなに低く見積もっても二千を下回ることはないだろう。

「王子装束ゑの木(榎)　大晦日の狐火」　歌川広重『江戸名所百景』
大晦日の夜、関八州《かんぱっしゅう》の狐が王子稲荷神社の大榎の下に集まり、高く跳んだものから順番に官位を決め、装束を正して稲荷神社に向かった。(国立国会図書館蔵)

第二章

犬食い

江戸初期の犬事情（一）

1　犬殺し、犬食いの禁令

●宣教師が見た日本人の獣肉食

江戸時代初め、江戸の町には犬が少なかった。だから、江戸に多いもの「伊勢屋稲荷に犬の糞」は江戸初期の言葉ではない、と最初に述べた。犬が少なかった理由として軍学者・大道寺友山は回顧談で「見かけ次第打ち殺し、賞玩《しょうがん》した」と犬食いを挙げている。江戸時代の「犬食い」について、もう少し詳しく述べておきたい。

ザビエル（スペイン人・イエズス会宣教師）は天文《てんぶん》十八年（一五四九年）鹿児島・坊津《ぼうのつ》に上陸し、日本に初めてキリスト教を伝えた。山口を経て、京都にまで足を伸ばした。

ザビエルが見た日本人は家畜を食べなかった。

「日本では飼っている家畜を殺したり食べたりせず、時どき魚を食べ、少量ですが、米と麦を食べています」（『聖フランシスコ・ザビエル全書簡』河野純徳訳）

犬食いについては何も触れていない。犬食いを見聞しなかったのだろう。

フロイス（ポルトガル人・イエズス会宣教師）は永禄六年（一五六三年）、長崎に上陸した。信長、秀吉にも会った。ザビエルと違って、フロイスは日本人は犬を食べると明確に述べている。

「日本人は野犬や鶴、大猿、猫、生の海藻をよろこぶ」
「われわれは犬は食べないで、牛を食べる。彼らは牛を食べず、家庭薬として見事に犬を食べる」（『ヨーロッパ文化と日本文化』岡田章雄訳注）
「家庭薬として食べる」というのは「薬食い」といって健康のために獣肉を食べることをいう。犬の肉は確かに薬として食ったが、食いたいから食うというのが本当のところだろう。文中に「猫」とあるが、当時の日本人が猫を喜んで食べたかどうか疑問は残る。「猫」はヨーロッパに生息していない狸の可能性もある。しかし、猫を食べなかったとも言い切れない。

慶長十四年（一六〇九年）、スペインのフィリピン臨時総督だったドン・ロドリゴは任務を終えてメキシコに向かう途中、台風で船が難破し、千葉・御宿《おんじゅく》に漂着した。ロドリゴは幕府から歓待を受け、大御所徳川家康、将軍秀忠に会った。このころの日本は世界に向かって開かれていた。

『ドン・ロドリゴ日本見聞録』によれば、当時の江戸の町の人口は十五万人。食料品の大部分は船で運ばれてくる。日常の食料は米。小麦はスペインのものより上質で、量は少ないが、パンまで売っていた。買う人が少ないので、ただみたいな値段だった。山ウズラ（キジのことか）、ガン、カモ、ツル、ニワトリなどの鳥類を扱う店があり、魚市場には鮮魚、干し魚、塩にした魚が売られていた。野ウサギ、イノシシ、シカなどの猟獣を扱う店もあった。肉類は猟によるもの以外は食べなかった。

ロドリゴは約十カ月、日本にいたが、犬食いは見聞していない。

江戸の市街はスペインよりも素晴らしいとロドリゴはいう。道は広く、長く、まっすぐ延びている。街路は清潔で、だれもそこに足を踏み入れたことがないように思えるほどだった。

ロドリゴの見聞記は「伊勢屋稲荷に犬の糞」研究にも大きな示唆《しさ》を与えてくれる。江戸の道の素晴らしさを語りながら、町の犬について何も語らないのだ。特筆するほど道路に犬がいなかったのだろう。だとすれば、当然犬の糞も少ない。

●諸藩の犬食い禁止令

江戸時代初期、多くの藩が犬殺し（犬食い）を禁じていた。ということは、裏を返せば犬を食う人々がいたということだ。

関ヶ原の戦いで多大な戦功をあげた藤堂高虎《とうどうたかとら》は慶長十三年（一六〇八年）、津（三重県）に入城し、伊賀国と合わせ、最終的に三十二万石の大大名になった。

津入城の時、領内の代官所に出した「法度《はっと》」の中に、「鹿猪牛犬、いっさい食い申すまじきこと」とある。その趣旨は、百姓は田畑に専念すべきであって、獣肉を食べることに気をとられてはいけないということだ。

寛文六年（一六六六年）、津藩にまた新たなお触れが出た。

「他人の犬は言うに及ばず、わが犬であっても殺すことは禁ずる。犬殺しの訴えがあれば、褒美に金子《きんす》を下される。犬を殺したことがほかの町から伝わってきたら、その町の年寄り、五人組は罪に問われる。人を咬むような悪い犬がいたら、捕まえて遠くへ送りなさい」（『永保記事略』）

このころ津城下では、犬を飼うことが禁止されていた。禁止されているのだから、よそからまぎれ込んで来た犬を退治して食べてもかまわないだろう、と殺す側、食う側は理屈をつける。津藩では、どんな犬でも犬殺しは禁止だった。だから、たちの悪い犬でも殺すわけにいかない。そこで、どこか遠くへ捨てなさいというのである。

会津藩では正保《しょうほう》三年（一六四六年）に「牛を殺して売ること、犬を殺して食うこと」を禁止している。犬については殺した当人だけでなく、寄り合って一緒に食った者も処罰の対象になった。

慶安四年（一六五一年）、会津領内の百姓から「役に立たない悪犬は殺してよいでしょうか」と藩に要望が出された。「殺す」というのは「食う」というのと意味は同じである。翌慶安五年（一六五二年）、藩は「不用の犬を殺すのは飼主の分別にまかせる」（『会津藩家世実紀《かせいじっき》』）と百姓に回答した。

磐城平《いわきたいら》藩（内藤家、福島県）は慶安二年（一六四九年）に犬殺しを禁止し、もし犬殺しを訴え出る者があれば、金二十両の褒美をとらせることにした(「御壁書」内藤家藩法『藩法史料叢書4』)。当時の一両を十万円とすると、報奨金は二百万円。立札まで立てた。

尾張藩が慶安五年(一六五二年)に出した名古屋の町人規則には「犬殺しは先年よりご法度」(「町中諸事御仕置《おしおき》帳」)とあり、それ以前から犬殺しが禁止されていたことがわかる。

これらの犬殺しの禁令も犬食いと関係があるだろう。

●盗み食いで島流し、打首

将軍家光時代の寛永年間に著者不明の『料理物語』という本が刊行された。同著「獣《けだもの》の部」には、七つの獣料理があるが、その中に犬料理が入っている。寛永二十年(一六四三年)刊行本には、次のように記されている。

鹿　汁、かいやき(貝焼き)、いりやき(炒り焼き)、ほしてよし(干物)
狸　汁、でんがく(田楽)、山椒《さんしょう》みそ(味噌)
猪　汁、でんがく、くはし(菓子)
兎　汁、いりやき

川うそ　かいやき、すい物
熊　すい物、でんがく
いぬ　すい物、かいやき

犬は一般的な食べ物とはいえないまでも、料理本に載るくらいだから、江戸時代初期にはなかば公然と食べられていたと考えていいだろう。貝焼きとはアワビの殻などに素材を入れて焼いて食べることをいう。

寛文十一年（一六七一年）五月、江戸小石川餌指町《えさしまち》、清水権之助組の配下の男が次々と犬を殺して捕まった。犬は殺して食べたのだろう。「あちこちで犬を盗み殺した作助」「浅草田原町《たわらまち》で犬二疋《ひき》を理不尽に突き殺した三右衛門」ほか計五人が薩摩に流罪となった。寛文十三年（一六七三年）七月には、同じ清水権之助組の男二人が犬殺しで佐渡に流罪となった。（『御仕置裁許帳《さいきょちょう》』）

流罪になった男たちは将軍家の鷹の餌を集めるのが仕事だった。この当時は犬も鷹の餌にしていた。江戸では犬殺しの禁令は出ていなかったから、本来は鷹の餌にすべきものを食ってしまったことが罪に問われたのかもしれない。

寛文十二年（一六七二年）七月には、山形上山《かみのやま》藩二万五千石の江戸藩邸で犬食い事件が起きた。前年江戸詰めになった家臣の従者才兵衛と安兵衛が藩主土岐左京亮《さきょうのすけ》の奥方の犬を打ち殺し、食べてしまったのだ。もともとは屋敷へどこからか迷い込んで来た犬だったが、奥方がかわいがっていた。二人は打首になった。(『上山三家見聞日記』)

戦乱の時代が終わり、世の中が落ち着いてくると、犬を食うことへの人々の嫌悪感は強くなっていく。徳川光圀《みつくに》(水戸黄門)は「味のため鶏犬《けいけん》を殺し食うこと、これは大いなる不仁《ふじん》である。鶏犬は人に頼り、鶏は時を知らせ、犬はよくあるじの家を守る。(それを食べるとは)憐れむことを知らないのか」(『桃源遺事《とうげんいじ》』)といっている。「味のため食う」とは、ただうまいものを食いたいがために殺して食うことを指す。「鳥獣は腹が減れば食い、腹満ちればやめる。人は味よければ腹がいっぱいでも食う。食欲と色欲は度を過ごしてはいけない」というのが光圀の教訓だった。

五代将軍綱吉が登場し、生類憐みの令が出されてから、犬食いはいったん絶え、その後は潜在化していく。

●「食することはまれ」「味すこぶる美味」

貝原益軒《かいばらえきけん》『大和本草《やまとほんぞう》』は綱吉時代の宝永五年(一七〇八年)の自序がある動植物の本草書《ほんぞうしょ》(博物書)だ。まだ生類憐みの時代ではあるが、犬食いについて触れている。

日本では犬を食することはまれである。（食すれば）体を温める。下痢腹痛の時は肝を入れた粥《かゆ》を食べる。赤犬《あかいぬ》が最良という。

犬食いの記述自体は貝原益軒が参考にした中国の本草書に出ているから、珍しくはない。益軒は「まれ」ではあるが、日本人が犬を食うと認識している。生類憐み時代ではあるが、本草書として犬食いの効用に触れないわけにいかなかった。赤犬とは赤茶色の犬のことだ。

経済学者の佐藤信淵《のぶひろ》は『経済要録』（文政十年・一八二七年）の中で、犬食いについて次のように述べている。

皇国人（日本人）は古来これを食べる人は少ない。ただし味すこぶる美味。痔疾《じしつ》、脱肛《だっこう》を治す。寒い時の老人の食料によい。

「少ない」が犬を食う人がいることを佐藤信淵も認識している。益軒と同じように、信淵もその薬効に注目している。食料というよりも薬として考えている。フロイスが日本人は「家庭薬として見事に犬を食べる」といっているのはこのことだ。「薬食いだ」といって、その行為を正当化しなければならないほど、犬を食べることへの葛藤があったともいえるだろう。

弥生時代の遺跡からは食われてばらばらになった犬の骨が多数見つかっている。飛鳥、奈良時代にも犬食いは行われていた。天武天皇四年（六七五年）に「四月から九月まで牛、馬、犬、猿、鶏の肉を食べてはいけない」と肉食禁止令が出ている。禁令が出るほど犬が食べられていたということになる。奈良時代にはしばしば殺生《せっしょう》禁断の詔《みことのり》が出され、仏教思想の影響もあって身の回りにいる牛馬犬などを食べることへの嫌悪感は強まっていく。

平安時代、藤原氏による摂関政治が始まると、一方で天皇の神聖化がすすめられ、天皇の身辺から穢《けが》れが遠ざけられた。牛馬豚羊犬の五種類の家畜を食べることは穢れであると法律で定められ、三日間の物忌みとなった。さらに猪、鹿を食うことも穢れに加えられ、宮中（禁裏《きんり》）では明治四年（一八七一年）まで約千年の間、獣肉食が禁じられた。

江戸時代、だれもが犬を食っていたわけではない。ほとんどの人が犬食いへの嫌悪感を持っていた。

寛政の三奇人の一人、『海国兵談』を書いた林子平《しへい》の父で幕臣の岡村良通《よしみち》は「人には好める食い物がある。東の都（江戸）にいた人で犬を食う人がいた。一日でも食わなければ心地よくない。（肉が）なければ干した皮を煮て、あえものにして食った」

（『寓意草《ぐういそう》』）と述べている。犬食いは悪食の一種に見られていた。

●大飢饉時代の犬

犬は大飢饉《ききん》の時の非常食でもあった。犬だけでなく、猫牛馬も食われた。十代将軍家治《いえはる》の時代、田沼意次《おきつぐ》が政治の実権を握っていた天明年間、日本を襲った大飢饉はすさまじかった。天明二年（一七八二年）は天候不順が続き全国的に凶作だったが、翌年はさらにひどくなり、古今未曾有《みぞう》の大凶作となった。天明三年（一七八三年）四月、浅間山が火を噴き始め、七月に大噴火した。溶岩流、土石流、降灰《こうはい》、日照不足による凶作などで約三万五千人が死亡した。（『武江年表《ぶこうねんぴょう》』）

東北地方では春咲く藤、山吹が六、七月（旧暦）になってやっと咲いた。九、十月にタケノコが出た。冷害で稲は七月になっても穂が出なかった。

十一月、八戸（青森県）の恵比須屋善六が江戸の井筒屋（米穀問屋か）に送った手紙には「仙台領、津軽領、盛岡領では稲に実が入らず、（来年まく）種もない」と書かれている。飢えた人々は食える物は何でも食った。「九月ごろ、乞食ども犬猫猿などを食事にいたし、肝をつぶしましたが、十月ごろより犬猫は申すに及ばず、牛馬も打ち殺し、食事にしております」（『兎園会集説《とえんかい》』所収）

天明の大飢饉は一年で終わらず、何年もの間、人々は飢えに苦しみ、東北地方だけで数十万人が餓死《がし》、病死、逃亡したといわれる。犬猫牛馬が殺され、食われたという話は大飢饉の惨状の中のごく一部でしかなかった。

米は買い占められ、値段が上がり、都市の人間も飢えに苦しんだ。天明七年（一七八七年）五月二十日、江戸の町民が米穀商を襲い、打ち壊す騒ぎになった。この時、町奉行・曲淵景漸《まがりぶちかげつぐ》も夜中に群衆に襲われた。町奉行が襲われることなど前代未聞だ。何があったのか。

米価高騰で、米を買えなくなったその日暮らしの町民が「米屋に米はある。食わせてほしい」と町奉行所に訴えた時、曲淵が「昔飢饉の時は犬を食ったものだ。犬一疋は七貫文《かんもん》（銭七千文）だった。今度も犬を食え」と申し出を拒絶した。その発言を恨んだ町民が打ち壊し騒ぎに乗じて曲淵を襲ったという。六月一日、曲淵は町奉行を更迭《こうてつ》された。（『よしの冊子《ぞうし》』）

江戸には将軍吉宗のころ「ももんじや」「もみじや」と呼ばれる獣肉店ができた。ここに行くと、猪、豚、猿、狐、鹿、何でも食べられたが、さすがに犬は食わせなかったという。篠田鉱造『増補幕末百話』には「犬鍋屋というのもありましたそうですが、ツイゾ参りません（行ったことがありません）。柳原《やなぎわら》（中央区）にあったそうです」と書いてある。犬は公然と食うものではなかった。

2　薩摩の犬食い

●藩主も赤犬を食べた

江戸の川柳にいう。

　赤犬は喰いなんなよと南女言《なんじょ》い

南女とは品川女郎衆のことである。薩摩藩邸に近い品川の女郎屋には薩摩の武士がよくやって来た。「犬の中でも赤犬が一番うまい」と薩摩の侍はいう。「それでも、赤犬を食べて登楼するのはやめておくれよ」と女郎がのたまう。

江戸時代後期の文人、随筆家、大田南畝《なんぽ》が薩摩ではえのころ飯（犬ころ飯）を食い、藩主も食べていた、と書き記している。

「薩摩では犬の子をとらえて腹を裂き、臓腑《ぞうふ》を取り出してよく洗い、米を炊いて腹に納め、針金でくくって、そのままかまどのたき火に入れ、真っ黒になるまで焼く。その時、引き出して針金をとき、米がよく蒸れて、色が黄赤になっていたら、切って汁をかけて食べる。大変美味だという。方言では、えのころ飯というそうだ。高貴の人も食べるが、薩摩侯へも出される。ただし侯には赤犬ばかりを用いるという」（『一話一言補遺』）

赤犬が一番うまいというのがこの時代の常識だった。

薩摩人は犬を食べるという話は巷間《こうかん》ひろく伝えられていた。

水戸藩の儒学者だった青山延寿《のぶとし》（弘道館頭取代理）は明治五年（一八七二年）、薩摩藩士から麴町四番町の武家屋敷を買い取って、東京に移り住んだ。家は現在の法政大学の近くで、お濠《ほり》をはさんで斜め方向に元の尾張藩上《かみ》屋敷があった。そのころは市ヶ谷の兵学寮と呼ばれ、陸軍大将・西郷隆盛配下の兵士が多数、居住していた。その場所は現在、防衛省になっている。

青山延寿の孫娘がのちの婦人運動家・山川菊栄《きくえ》である。菊栄は母千世から幕末維新時の苦労話を聞かされて育った。

兵学寮には西郷部下の兵隊がいっぱいおり、そのために牛込から四谷一帯にかけて犬猫が姿を消したそうです。薩州人といえばまったくの野蛮人で、言葉はギャッギャッというばかり、なにを言っているのかわけがわからず、犬猫は片はしからとってたべてしまうと、近所で恐れをなしたものですが、西郷さんが征韓論にやぶれて国に帰ると、その兵隊もあとを追ってひきあげてしまい、あのあたりにまた犬猫の姿が見えて平和をとり戻したといいます。（『おんな二代の記』）

●西南戦争余聞

明治十年の西南戦争で、熊本鎮台《ちんだい》司令長官・谷干城《たてき》（のち学習院院長。元土佐藩士）、参謀長・樺山資紀《かばやますけのり》（のち海軍大将。元薩摩藩士）率いる政府軍約四千人は熊本城に籠城《ろうじょう》して薩摩軍と戦った。兵隊の主力は九州一円から徴兵された百姓だった。

約二カ月に及んだ籠城戦で、城内の食糧は尽きた。

「始めのころはだいぶ犬もいたけれど、いつの間に（鎮台兵が）殺《し》めるのか、だんだん取り殺してしまって、やがて犬の姿はまるっきり城中に見えなくなってしまった」（『熊本籠城談』）

鎮台参謀副長を務めた児玉源太郎《げんたろう》（のち陸軍大将。元長州藩士）の回顧談である。食う物がなくなれば、薩摩人でなくても犬を食う。

籠城組に加わった時の熊本県権令《ごんれい》・富岡敬明《けいめい》（のち熊本県知事。元佐賀小城《おぎ》藩士）は城中で二匹の猫を飼っていた。「米もないのに猫を飼うのは贅沢だ」と児玉がいうと、富岡は「諸君は一を知って二を知らない」と平然と答えた。「まあ今日は昼飯でも御馳走しよう」というので、待っていると、肉を煮たものが出てきた。それが猫だった。もう一匹は祝事がある時のために大切にとっておくのだと富岡は語った。

小説家・徳冨蘆花《とくとみろか》（本名健次郎）は明治元年、熊本・水俣に生まれた。明治三年に父が熊本藩庁に出仕したため、大江村（熊本市中央区）に引っ越した。明治十年、西南戦争が始まり、薩摩軍による熊本城（熊本鎮台）攻撃が始まった時、一家は田舎に避難することになった。ところが、オブチという飼い犬がどうしても家から離れようとしない。やむを得ず近所の百姓に頼み、時々食物を与えてもらうことにして、しばしの別れを告げた。

三月《みつき》程して熊本城の包囲が解け、薩軍は山深く退いたので、欣々《きんきん》と（喜んで）帰って見ると、オブチは彼の家に陣どった薩摩《さつま》健男《たけお》に食われてしまって、頭だけ出入りの百姓によって埋葬されていた。彼の絶望と落胆は際限《かぎり》がなかった。久しぶりに家に還《かえ》って、何の愉快《たのしみ》もなく、飯も食わずにただ哭《な》いた。南洲《なんしゅう》（西郷隆盛）の死も八千の子弟の運命も彼には何の交渉もなく、西南役《せいなんのえき》は何よりも彼の大切なオブチをとり去ったものとして彼に記憶されるのであった。（『みみずのたはこと』）

久しぶりに犬に会えると喜び勇んで家に帰ってみれば、犬は食われてすでにこの世にいなかった。健次郎少年が心に受けた傷は大きかった。この一件がトラウマとなり、蘆花はその後、三十年間、犬を飼う気になれなかった。

第三章

御鷹餌犬と鷹狩り

江戸初期の犬事情（二）

1　無類の鷹好き徳川家康

●百姓に差し出させた餌犬

室町時代後期から江戸時代の初めにかけて、犬食い以外にも、犬たちの身には大きな災難が降りかかっていた。御鷹餌犬《おたかえいぬ》である。鷹狩りに使う鷹は生肉しか食べない。その餌にするため将軍や多くの大名は税の一種として百姓に餌犬を差し出させていたのだ。

その悲喜こもごもを仮名草子《ぞうし》『似我蜂物語《じがばち》』（江戸初期）が書き記している。

江戸の近所に在郷あり。ここに住《じゅう》する百姓、犬を一疋、持っていた。ある時、公儀《こうぎ》（幕府）より、鷹の餌《え》に入用だといって郷中《ごうちゅう》を名指ししてきたが、そのころ郷中に犬がいなかった。ある男が持っている犬を郷中の全員で銀子《ぎんす》を出し合って買い、公儀へ送ったが、餌差所《えさししょ》で縄をくい切り、犬はその夜に帰って来た。犬主《いぬぬし》は喜ぶこと、限りがなかった。

また一年たって、右のごとく、犬が郷中に割り当てられた。ほかに犬はいない。またまた、元の犬を、元のように、金を亭主に渡して郷中より公儀へ送ったが、またその夜、縄をくい切り帰って来た。

また一年たって、右のごとく、少しもたがわず、郷中に指示があったが、三度目には餌差所で殺されてしまった。

さて、その年の暮れ時分、かの亭主、口長くとがり、目つき、顔つき、犬そっくりになる。座敷に上がることを嫌がり、庭の隅に寝てばかりいる。知らない者が来れば、犬のようになり、昼は暗い所に寝て、夜は藪《やぶ》の中、野山を駆け歩く。食べ物も汚い物を食べるので、親類は外聞《がいぶん》をはばかって殺してしまった。

うそをついたり、人を出し抜いたり、盗んだりした金は身につかないものだ。因果応報である。まことの道を外すから、亭主は犬のようになってしまったのだ――と物語の著者は語る。

餌犬を出せと命じられたのは「江戸の近所の在郷」である。幕府領と考えていい。餌犬の割り当ては村単位で行われる。千石につき年に何匹出しなさい、と決められている。『似我蜂物語』の百姓は村から頼まれてお金をもらい、自分の犬を差し出していた。一年目、二年目は犬が逃げ帰って来たが、三年目に殺されてしまった。ということは、決められた通りに餌犬を出せるほど、すでにこの村には犬がいなかったと考えられる。

江戸時代初期、江戸近郊の幕府領でどのように御鷹餌犬が割り当てられていたか、詳細は不明だが、明暦二年（一六五六年）に日光街道の宿場町から幕府代官に、「諸負担（高役）が大きすぎるので慈悲をもって免除してほしい」と願い書が出されている。その中に「御鷹の餌《え》犬《いぬ》免除」の一項が含まれている。幕府は草加《そうか》、越谷《こしがや》、粕壁《かすかべ》（春日部）、杉戸《すぎと》、幸手《さって》、栗橋《くりはし》の六町に対し免除を認め、その代わりに「御鷹の餌犬、千石につき一年に六疋の計算、一疋につき銀二十三匁五分ずつ納めること」と条件をつけた。（『草加市史・資料編3』ほか）

草加町を例にとると、町の石高《こくだか》は約千九百石で、千石につき六匹、年に一一・四匹分、金額にして金五両と銀十八匁を納める計算になる。これだけ払っても、生きた犬を納めるよりはましなのだ。仮名草子『似我蜂物語』に書かれているように、鷹の餌にする犬を集めるのは簡単ではなかったと考えられる。

幕府だけではなく、多くの大名が領内の百姓に税として御鷹餌犬を割り当てていた。諸藩の例では、餌犬の負担は千石につき一匹、二匹の所が多かった。

文書に残る餌犬の史料としては天文五年（一五三六年）の『伊達氏御《ご》成敗式目《せいばいしきもく》』が最も古い。室町後期、伊達領内では鷹の餌にするための犬打ちが行われていたことがこの文書でわかる。

「犬を打つことは、鷹の餌にするためだから、落度ではない。ただし人が（他人の家の）門の中まで入って打つのはいけない」

町や村にうろうろしている犬を打ち、鷹の餌にすることはかまわなかった。

わが国最古の鷹書は嵯峨《さが》天皇の時、弘仁《こうにん》九年（八一八年）に成立した『新修鷹経《しんしゅうようきょう》』である。ここに挙げられた鷹の餌は「馬、豕《いのこ》（ぶた）、兎、鼠、鶏、雉《きじ》」で、犬は入っていない。

『徒然草』（鎌倉時代末期）には「犬の足を鷹の餌にしている」と上皇に告げ口した男の話が出ているから、鎌倉末には、隠れて犬を餌にする貴族がいたのだろう。

室町幕府伝来の『養鷹秘抄《ようようひしょう》』には、餌は「かのしし（鹿）、いのしし、なまづ、ねこ、ねずみ、いたち、てん」、餌にしないのは「馬、牛、兎、たぬき、さる、むくいぬ」とある。むく犬は毛の長い犬のことで、これを餌にしないということは、毛の長くない犬は餌にしていたということかもしれない。

『伊達氏御成敗式目』に記されているように、御鷹餌犬は室町時代後半に始まり、諸大名に広まっていったように思われる。犬はどこにでもいたから、捕まえるのはたやすかった。

●日本一の鷹持ち、犬持ち

鷹はだれでもが持つことはできなかった。その土地の支配者のみが鷹を持ち、鷹狩りをすることができた。最も多くの鷹を持つ者が、その時代の最高権力者だった。

天正《てんしょう》三年（一五七五年）十月、織田信長は十四羽のオオタカ、三羽のハイタカとともに岐阜城を出発し、京都に向かった。十一月、信長は大納言（権《ごん》大納言）に昇進し、天皇から盃を頂戴した。さらに右大将《うだいしょう》に任ぜられ、事実上の天下人《てんかびと》となった。（『信長公記』）

天正十八年（一五九〇年）、小田原の北条氏を破り、天下を統一した豊臣秀吉は時の最高権力者として三州《さんしゅう》（三河）吉良《きら》で、だれもやったことのない大鷹野《おおたかの》を催した。十一月初め、秀吉とその配下の武士六千人は思い思いに着飾り、吉良に向かって京を出発した。その長い行列を洛中洛外の男女、近郷近在の百姓が見送った。京に戻ったのはその一カ月後だった。

「十二月初め、帝《みかど》にご覧に入れようと、三河で取った大きな鳥、小さな鳥、さまざまな鳥を竿に掛け、二列に並んで都に向かった。鳥の数はわからないほど多かった。そのあとに供奉《ぐぶ》の人が狩装束《かりしょうぞく》で続いた。秀吉公を始め、（供奉の人々は）小鷹、大鷹は言うに及ばず、百舌鳥《もず》や鵤《いかる》まで手に据え、これも二列になって進んだ。京中の貴賤《きせん》、みな肩を押し合うようにして見物した。竿に掛け並べた鳥は殿上人《てんじょうびと》から町人にいたるまで配られた」（『豊鑑《とよかがみ》』）

天下を手中に収めた秀吉の一大デモンストレーションだった。この行列の中にも犬引きに連れられた鷹犬がいたはずだが、犬のことは何も述べられていない。どこにでもいる犬のことは書き記すに値しなかった。

天正十年（一五八二年）、本能寺の変のあと、徳川家康は織田信長の次男である信雄《のぶかつ》と手を握り、羽柴（豊臣）秀吉と対立した。

天正十二年（一五八四年）、小牧《こまき》・長久手《ながくて》の戦いで家康は秀吉方の軍勢を破ったが、信雄が秀吉との和睦《わぼく》に応じたため、家康もこれに従い、側室の子・於義丸《おぎまる》（のちに結《ゆう》城《き》秀康《ひでやす》）を秀吉の養子に差し出した。事実上の人質だった。

天正十三年（一五八五年）冬、三州吉良で鷹狩りをしていた家康のもとに秀吉の使者がやって来た。使者の土方雄久《ひじかたかつひさ》、滝川雄利《かつとし》はいずれも名のある武将である。家康は「鷹を臂《ひじ》にのせ、犬を引きながら」使者と会った。犬を引いていたのだから、使者と座敷で会わなかったことになる。

「近々上洛してほしい。秀康（於義丸）とも対面してほしい。都の名所見物でもすれば、お慰みにもなることでしょう」

秀吉の伝言を聞いて家康が答えた。

「織田殿（信長）が世にある時、都にも上り、名所旧跡みな見物をすませた。今さら見たいとも思わない。於義丸は天下のために秀吉に差し上げたのだ。今はもうわが子ではないので対面したいと思わない。もし上洛しないことを憤り、秀吉が大軍を持って攻め下らん時は、我も美濃路のあたりに出迎え、この鷹一据《いっきょ》（一羽）にて蹴散《けち》らかすことさえ難しくはない」（『徳川実紀』）

秀吉の軍勢など鷹一羽いれば、たくさんだ、というのだからずいぶん威勢がいい。

軍学者・大道寺友山によると、家康の返答はやや控えめになる。

「このごろは朝夕、鷹を臂にし、犬を引いて、野だろうと山だろうと狩り暮らしている。これに過ぎたる楽しみなし。ではあるが、もし秀吉が自分の兵威をもって、むりに我を上洛させようとするならば、我にも考えがある。隠さずそのように申し伝えよ」（『岩淵夜話別集』）

「この鷹一据にて蹴散らかす」と大見得を切った家康と、「我にも考えがある」と発言に含みを持たせた家康と、どちらが事実を正確に伝えているか、わからない。

この時点で、家康には正妻がいなかった。正妻の築山殿《つきやまどの》は甲斐の武田勝頼《かつより》に通謀した疑いで、家康が差し向けた討手に殺された。秀吉はすでに嫁いでいた妹・朝日方《あさひのかた》（朝日姫）を離縁させ、改めて家康に嫁がせることにした。さらに実の母を人質として家康の元に送った。秀吉の懐柔策は徹底している。天正十四年（一五八六年）、家康は京に上り、秀吉に臣従を誓った。

慶長五年（一六〇〇年）関ヶ原の戦いで天下人となった家康は同時に日本一の鷹持ちとなった。所有する鷹は百羽を軽く超えていただろう。天皇に鷹狩りの獲物である「御鷹の鶴」を献上できるのは、天下人である将軍だけだった。将軍は大名には獲物の鶴を下賜《かし》し、大名はそのことをこの上ない名誉とした。

狩りには犬を使う。家康は日本一の犬持ちでもあった。慶長十七年（一六一二年）二月、家康は遠江《とおとうみ》と三河の国境付近で大規模な鹿狩り《しし》（猪狩り）を行った。『駿府政事録』によれば、家康は銃の妙手数十人を引き連れ、勢子《せこ》として兵卒五、六千人を動員し、遠江堺川（境川、静岡県湖西市）から二川山《ふたがわ》（愛知県豊橋市）にかけて、唐犬《とうけん》六、七十匹を縦横に走らせ、猪を狩り立てた。猪二、三十頭を仕留めたところで、雨が激しくなり狩りを中止し、家康は浜松に向かった。

唐犬は外国産の大型猟犬で、「唐」と名が付いているが、南蛮（東南アジア）経由で入って来た西洋の犬が多かった。このほか鷹狩りに使う鷹犬を数十匹は保有していたはずだ。

では、家康は愛犬家だったのかというと、話はそう簡単ではない。鷹の餌にするため犬を殺していたからだ。鷹狩りで犬を使いながら、一方で犬を鷹の餌にする矛盾。

いかにも理不尽だ。しかし、家康は矛盾だとも、理不尽だとも考えなかっただろう。人の命をやり取りしながら戦国時代を生き抜いてきた者たちにとって、犬の命など羽毛よりも軽かった。犬どころか、人の命でさえ羽毛のようであった。

元和《げんな》元年（一六一五年）十二月、中原（小田原市）に逗留《とうりゅう》して鷹狩りをした時、家康は「御小人頭《おこびとがしら》、稲垣権右衛門を誅戮《ちゅうりく》」（『駿府記《すんぷき》』）した。稲垣が誤って鷹を傷付けたためだった。

織田信長も伊庭山《いばやま》（滋賀県東近江市）に鷹狩りに行った時、道の行く手に誤って石を落とした人物を手打ちにしている。（『信長公記』）

秀吉にも似たような話がある。秀吉が放った鷹の蹴爪《けづめ》が折れていた。「だれが鶴と鷹を引き離したのか。名を言え」。刀に手をかけ鷹師を問い詰める秀吉。頭を地につけ、鷹師が名を言おうとしたその時、秀吉が小声でささやいた。「名を言うな、言うな」。名を聞いたら切らねばならない。「誠に有り難きこころざしなり。御秘蔵の鷹だからといって、鷹一羽に侍一人の命を代えてしまうような事、あってはならないと思《おぼ》召《しめ》さるゝかたじけなさ、言うまでもない」（『浮世物語』）

秀吉の話は相当脚色されている気がする。

●家康が狩りにのめり込んだ理由

家康が鷹狩りを好むこと尋常でなかった。鷹狩りによって地勢を知り、兵を鍛え、戦いにそなえた。民情を知り、自らの体も鍛えた。何にもまして鷹を使うことが楽しみだった。

家康が鷹狩りにのめり込んだ大きな理由は少年時代の体験にある。家康は天文十六年（一五四七年）、六歳の時、尾張・織田家の人質となった。家康の世話をした尾張奉行衆の一人、河野《こうの》氏吉《うじよし》は外に出歩けない家康（幼名・竹千代）の無聊《ぶりょう》を慰めようと、小鳥を与えた。ヤマガラには芸を仕込み、モズには狩りを仕込んだ。モズは小さいながらも猛禽《もうきん》類である。指先にとまらせ、小鳥に向けて放つ。モズを使った狩りは実際にできるらしい。鎌倉時代の歴史書『吾妻鏡《あずまかがみ》』に、鷹使いの名人桜井五郎が執権・北条義時《よしとき》の見ている前で、左手に据えたモズを放ち、草むらの黄雀《きすずめ》（ニュウナイスズメ）を捕獲した話が出ている。

八歳の時、家康は織田から今川に引き渡され、駿府（静岡）で新たな人質生活を送った。家康はこの時代に鷹狩りの練習を始めたが、鷹はしばしば隣家の孕石《はらみいし》（原見石）主水《もんど》の屋敷にまぎれ込んだ。家康が鷹を取りに行くと、主水は「三河の倅《せがれ》にアキハテタリ」（『三河物語』）といつも嫌みをいった。三十年後、高天神《たかてんじん》城（静岡県）の戦いで孕石は生け捕りになった。家康は昔のことを忘れていなかった。

「我にアキタル孕石なれば早く腹を切らせ申せ」

孕石は泰然としている。

「もっともである。悔しがることではない」

孕石は作法通りに西（西方浄土）を向かず、南に向いて腹を切った。

「十方仏土なり。西方ばかりが極楽ではない。どこの極楽を嫌おうか」

南を向いて腹を切ることがせめてもの武士の意地だった。

家康は恩義も忘れなかった。関ヶ原の戦いで天下を取ったあと、村上（新潟県）に引っ込んでいた河野氏吉を探し出し、駿府に呼んだ。氏吉は家康の話し相手として晩年を送り、息子氏勝は二代将軍秀忠に千二百石の旗本に取り立てられた。

家康が何羽の鷹を所持し、何匹の鷹犬を使っていたか、その実数はわからない。鷹の餌として何匹の犬が命を失ったかもわからない。寛永九年（一六三二年）に水戸藩は領内の村々に餌犬四百二十三匹（大二百十六匹、小二百七匹）を差し出させている（『田制考証』）。この数字から推測すると、家康の鷹の餌となった犬は軽く万を超えるに違いない。

とにかく家康は信じられない数の鳥を捕獲している。参考のために、家康の主な鷹狩り記録を掲載しておこう＝別表127ページ。家康は史上最大の鶴の乱獲者だったかもしれない。

家康の鷹狩りの記録

慶長9年(1604年)冬 　寒さのため将軍のオオタカ、多数死ぬ。「大方、六、七十据(羽)も落つるか(死んだか)」
慶長13年(1608年) 10月～12月上旬 　関東で「白鳥一つ、鶴六十、雁鴨《がんかも》はその数知れず」
慶長15年(1610年) 1月 　駿府近辺で「鶴三十六、雁鴨数えられず」
慶長16年(1611年) 10月～11月中旬 　江戸近辺で連日「鶴雁多数」 同12月～翌年2月中旬 　駿府で「鶴七十、雁鴨の類、その数知れず」
慶長17年(1612年) 10月中旬～下旬 　関東方々「鶴雁取ること際限なし」
慶長18年(1613年) 9月中～翌年1月 　越谷、川越(埼玉県)、土気《とけ》、東金《とうがね》(千葉県)などで「鶴百二十五、この内、白鳥八」

(『駿府記』『当代記』)

2 福岡藩、鷹狩り物語

●黒田如水「鷹は百姓の痛み」

鷹場と百姓地は重なり合っている。田畑も鷹場の一部である。鷹狩りは百姓にとって迷惑なだけで、何の益もない。狩りの妨げになるような工作物は建てることができない。案山子《かかし》でさえ邪魔だから取り払えと命じられる。あぜ道が崩れたりしていると、管理が悪いとしかられる。狩りの最中に村の犬がうろうろしていたら、これも大目玉を食らう。犬が野鳥を襲えば、鳥が警戒して狩りにならない。猫も用心ならない。家康は鷹場の管理がよくないと不機嫌になった。

戦国武将・黒田官兵衛《かんべえ》（孝高《よしたか》）は信長、秀吉、家康、三代の英雄に仕え、秀吉の天下統一、家康の関ヶ原勝利に多大な功績があった。官兵衛は入道して如水《じょすい》と号した。ある時、福岡藩五十二万石の初代藩主となった息子長政《ながまさ》と主だった家臣を前に、如水は昔語りのように鷹狩りのことを語り始めた。

大名衆、鷹を好かれ、鷹をいろいろ集め、過分《かぶん》に持ち、鷹師《たかし》、餌差《えさし》(餌係)、犬引き、多くの者を抱え、毎日、鷹三昧《たかざんまい》をしておられる。鷹師、餌差、犬引きは多くいても問題はないだろう。同じ人間なれば、事が起きた時には役に立つこともあるだろう。

それにしてもだ。鷹の餌にするため、百姓どもに犬を出せと申し付け、在郷村々へ毎日、犬をどれくらいと割り当てる。異論なく犬を納めることさえ難しいのに、飼いなれた犬は可愛《かわ》ゆいものだ。それなのに、くくって引いていき、目の前で打ち殺させる。これさえ難儀なことなのに、やせているは、筋《すじ》があるは、なんのかのと文句を言って受け取らず、一疋のところを二疋も三疋も要求する。犬を用意できなければ、犬一疋につき、やせ馬一疋ほどの代金を納めさせる。

鷹師、餌差ども、在郷へ行けば、まず「犬猫をくれ。鷹にかみついたら首を切るぞ」といつも言っているので、「鷹師殿、御出《おで》」と伝わると、百姓は先へ告げ送りし、男は言うに及ばず、女童姥殿《おんなわらわうばどの》まで作業をとめて（殺されないように）犬猫を呼び回る。近ごろ騒がしいことだ。

鷹師、餌差の機嫌が悪ければいろいろ言われ、物をねだられるので、百姓夫婦、嫁娘まで出てきてご馳走し、追従《ついしょう》し、昼は冷飯、お酒、泊まる時は朝夕ふるまい、いい酒に菓子、行水や水風呂、嫁娘に茶を立てさせ、宿の亭主は村中を駆けずりまわり、農業は後回しにする。夜も昼も接待したその上に、脇差そのほか気に入った道具があるのを見ると「それをくれ。ただではない。高値で買おう」とうまいことを言って、十分の一ほどの代価しか払わない。

鷹は百姓の痛みになり、総じて藩政の妨げになるものだが、大名の仕事であるから否応《いやおう》なく鷹を持つものであると思って、能《よ》きほどに（ほどほどに）やるべきだ。（著者不明『古郷物語』、要約）

「如水は他人事のように話しているが、聞いていた筑前守（長政）は顔を赤くしていた。なぜならこれらの誤りはみな自分の誤りだったからだ」と『古郷物語』の著者は書き記している。

長政は名君の誉れ高い。黒田家の老臣と思われる著者は「（長政公は）万事利発にて、下々の迷惑、誰それの痛みになることもわきまえている」と評価しつつ、「筑前（福岡）入国は三十三歳の時だった。如水と違って、大名となって生まれ育った人であるから、苦労が足りない」と述べている。「下々の迷惑、誰それの痛み」を知るはずの長政でさえ、百姓から餌犬を徴発し、鷹狩りにふけっていた時代だった。

黒田長政は父・如水から「御鷹は百姓の痛み」とさとされたが、鷹狩りをやめなかった。鷹狩りをやめるのは将軍家や諸大名を敵に回すようなものだった。長政は二代将軍徳川秀忠から江戸近辺の将軍家鷹場での鷹狩りをしばしば許された。三代将軍家光は若いころ手ずからとった御鷹の鳥をしばしば長政に賜った。将軍から御鷹の鳥を頂戴することは大名にとってこの上ない名誉だった。

元和九年（一六二三年）八月四日、帰国途中の長政は京都報恩寺で死去した。葬礼の時、二羽の鷹が火葬の火の中に入れられ、殉死した。

長政は息子忠之《ただゆき》に長文の遺言を残したが、その中に

「鷹狩、鹿狩、漁など、その他乱舞、遊芸、遊宴に必ず長ずべからず（上手になりすぎてはいけない）。ほどよくたしなみ、あふれざるよう心を用ゆるべし。ことに農人（農民）の痛みとなるべきことは、よく思案して堅く慎むべし」（『黒田長政遺言』『黒田続家譜』）

と書かれている。「鷹は百姓の痛み」という父・如水の訓戒を長政は守り、息子にその思いを託した。ところが、その息子が大変な人物だった。

●犬打ちに興じる奇矯の跡継ぎ

黒田長政の長男忠之は慶長七年（一六〇二年）に生まれた。奇矯《ききょう》の人である。小さい時から変わり者だった。長政も忠之を跡継ぎにすることに不安を感じていた。

慶長二十年（一六一五年）、長政が国元を留守にする時、父は忠之に五項目の誓紙《せいし》を出させた。

一　読み物、油断なく仕《つかまつ》るべく候。一日に紙数二枚ずつ読み申すべきこと。
一　文《ふみ》（手紙）、毎日三つずつ、本（手本）のごとく書き申すべきこと。
一　馬責め（馬の調教）前になり候らはば、乗ってそのほかのこと無駄に悩み申すまじきこと。（乗馬に集中します、という意味）
一　法印《ほういん》（吉祥院尊秀《きっしょういんそんしゅう》）留守中、鷹つかい申すべきこと。
一　鳥ならびに犬以下、町にこれ有るを取り申すまじきこと。
（「三奈木黒田家文書」『福岡県史・福岡藩初期下』）

「きちんと読み書きします。乗馬、鷹の扱い方も練習します」と誓っていることから考えると、忠之にはさぼり癖があったようだ。五項目、町に出て鳥や犬を捕まえるのは大名の息子がやるようなことではない。「取り申す」というのは、竿に鳥もちを付けて鳥を捕まえ、犬は棒でたたき殺すのである。これは餌差（鷹の餌係）の仕事だが、誓紙に書くぐらいだから、忠之は実際にやっていたのだろう。長政としては、子供のやることだからと見逃すわけにはいかない。仕事でもないのに、ただ面白がって鳥や犬を殺して遊ぶような人物が国を治めるようになったら、国を滅ぼすかもしれない。しかも、その不安は現実のものになりかねなかった。

元和九年（一六二三年）、忠之二十二歳。客人へのあいさつもうまくできず、病床の父・長政の見舞いもたまにしか行かない。後見役の家老、栗山大膳《だいぜん》が書状で忠之を戒めた。

一 さいさい長政様をお見舞いなされますように。

一 侍ども、お叩きなされること、ご無用に存じ奉ります。長政様がなされても、これはよきことではありません。お腹立ちや問題があれば、いっそご成敗なされてもかまいません。

一 今一度、長政様の機嫌をそこねましたら、御国は（忠之様に）簡単にはお譲りなされないと思います。（「梶原家文書」『福岡県史・福岡藩初期下』）

またおかしなことをしたら、長政は国を譲らないかもしれない、と大膳は忠告した。忠之は「ご書見《しょけん》届きました。重ねて失念しないようにいたします」と返事を書いた。

その年の八月、長政は遺言を公表し、家督を忠之に継がせることを正式に表明した。ただし、藩主の失政により万が一お家が断絶してはいけないと、福岡藩五十二万石から三男長興《ながおき》に秋月《あきづき》五万石、四男高政《たかまさ》に東蓮寺《とうれんじ》（直方《のおがた》）四万石を分け与え、支藩とした。

藩主になると忠之は、目の上のこぶとなる藩重臣を次々と断罪し、知行地《ちぎょうち》を没収、新たな側近政治を始めた。後見役の栗山大膳を成敗する動きもあった。寛永九年（一六三二年)、忠之三十一歳。ここで大膳は大芝居を打った。「藩主・忠之に謀反《むほん》の企てあり」と幕府に訴え出たのである。「黒田騒動」である。

翌年、幕府の評決が下った。

「忠之に謀反の企ては見られない。しかし、家中騒動を起こし、問題はある。よって改易《かいえき》(藩取りつぶし)。ただし新たに筑前拝領を仰せ付ける」

改易後に再び拝領。つまり領地は元のまま。藩の取りつぶしはまぬがれた。

訴え出た栗山大膳は百五十石の扶持《ふち》が付いて、盛岡藩(南部家)に預けられた。市中外出は認められたから実際は自由の身だった。

森鷗外《おうがい》は歴史小説『栗山大膳』の中で、「もしあのままに領国で(私が)成敗せられたら、自分の犬死《いぬじに》には惜しむに足らぬが、右衛門佐《うえもんのすけ》(忠之)は御取調を受けずに領国を召し上げられたであろう。この取り計らいは、はばかりながら武略の一端と存ずる」と大膳に語らせている。

栗山大膳は悪人で、黒田忠之はそれなりに名君だったとする説があるが、私にはとうていそうだとは思えない。鷗外の説に賛同する。

●黒田高政、勝手な犬打ちに怒る

黒田長政の四男高政は、遺言により東蓮寺藩四万石の藩主となった。鷹を使うことは、当時の大名の心得だから、当然、高政も鷹を使う。一方で、藩主の権威を笠に威張りまわる鳥見役《とりみやく》（鷹場の管理責任者）や鷹師や餌差に民百姓は泣かされ続けた。あまりの横暴ぶりに藩主でさえ怒り心頭に発することがあった。江戸にいた高政が東蓮寺藩の家老に宛てて、餌差を糾弾する手紙を書いた。

わざわざ飛脚にて申し遣わす。鷹の餌犬、一日に一疋ずつ打っていると聞き、そのような必要はない、と申し遣わしたところ、餌差どもがいうには「角右衛門は一日に小鳥二十、そのほかの者は一日に十五ずつの定めなので、（餌が足りず）犬打ちした」とのこと。その定めは昨年の冬、つかい鷹（鷹狩）の時、餌が多くはいらなかったので、そうしたのである。（鷹の食欲が落ちる）換羽期《かんう》にできるだけ精を出して鳥を捕まえて（餌として小屋に入れて確保して）おくべきなのに、つかい鷹の季節になって餌がいるからと、犬を打つ。そんなことだから、鷹の換羽もうまくいかない。けしからぬことであるのはいうまでもない。

そのうえ、「切米《きりまい》（冬の手当て）を増やしてくれないので、鳥の数はそれだけになる。加増してもらえれば精を出し、鳥を取り、犬を打たないようにいたします」と申しているとのこと。餌差ども、憎き言い分と言うよりほかはない。（「吉田家文書」『福岡県史・福岡藩初期下』）

鷹は夏の終わりに換羽期を迎える。このころは暗い鳥小屋の中に鷹を入れ（とや入り）、羽がぬけかわるのを待つ。とや入りすると、換羽がうまくいくように餌の量を減らす。その間に餌の小鳥（主にスズメ）をたくさん捕ってスズメ小屋に入れておけばいいものを、そうしないで犬を打つのはけしからんと高政は怒っている。

餌差の団介め、村々で無茶なことばかりやり、大体が悪者であること、そちら（東蓮寺）にいた時に聞いていていたら、去年成敗（手打ち）していたものを。こちら（江戸）でその様子を聞いた。もともと、わやく者（横着者）である。「今度加増してもらえれば精を出し、鳥を取って、犬打ちはしないようにします」というのも、団介が言っていることであろう。いよいよ、そのとおりであるなら、団介を早く処罰すべきである。もし右の言い分、団介一人で究明できなければ、追って調べるよう申し付けるので、先に団介は牢に入れておきなさい。もともと横着者であるからそうするのである。角右衛門は残りの者どもと一緒になって、鳥の数（必要な数）を入れず、餌犬を打ったこと、けしからぬことである。この旨、申し聞くべし。

よく調べ、これから餌差どもの見せしめになるように重ねて申し付ける。鷹《たか》匠《じょう》どもも餌差どもの手前、吟味もしないで鳥の数を入れさせず、つり餌（魚）ばかりで飼い、とや（換羽）がますますうまくいかなかったこと、けしからぬことである。この旨、申し渡さるべし。謹言《きんげん》。（同前）

犬打ちを強行しようとする餌差に対する高政の怒りは激しい。藩主の意向に逆らってまで、餌差はなぜ犬打ちを続けようとしたのか。餌差は、鷹の餌にするといいながら、実は自分たちで犬を食べ、文字通り私腹をこやしていた可能性がある。団介がその後どうなったか不明だが、おそらく処刑されただろう。

犬ではなく、百姓の敵であるスズメを餌にすれば「百姓の痛み」は少しでもやわらぐ。如水の訓戒は、孫の高政の代になってもまだ生きていたといえるだろう。

●鳥類学の権威になった黒田家

「鷹使いはほどほどに」という黒田如水の訓戒は、時とともに忘れ去られてしまう。如水直系の藩主は第六代で血筋が絶え、第七代藩主は徳川一橋《ひとつばし》家、第八代は多度津《たどつ》（香川）の京極家、第九代は再び一橋家から迎え入れた。第十代には男児がなく、第十一代藩主は薩摩の島津家から迎えた。当主となった黒田長溥《ながひろ》の父親・島津重豪《しげひで》は蘭《らん》癖《へき》大名と呼ばれた蘭学好きで、博物学者でもあった。鳥名辞書『鳥名便覧』を著している。息子長溥も鳥好きで、とりわけ鷹を愛した。

嘉永六年（一八五三年）十二月、長溥はロシアのプチャーチンとの通商条約交渉のため長崎に向かう川路聖謨《かわじとしあきら》（勘定奉行）を福岡藩領木屋瀬《こやのせ》（八幡《やはた》西区）に出迎えた。食事を終え、時勢を語り合ったあと、長溥は鷹を左腕に据え、川路を見送った。みやげに取り立ての雁三羽、鴨二羽を贈った。

勝海舟の三男・梅太郎は、米国人のクララ・ホイットニーと結婚した（その後、離婚）。明治十二年五月、クララは東京赤坂の黒田邸を訪ねた。「鉄の門で車を降り、中へ入って行くと、白い長い髭《ひげ》をはやした上品な老人が迎えに出てこられた」。この老人が隠居した黒田長溥だった。「黒田氏が鷹狩に使う二羽の鷹も見た。（略）昔は雀を食べさせていたので、鷹を飼うのはとても難しかったが、今は肉を食べさせると言っておられた」（『クララの明治日記』）。時代は移り、鷹の餌も生肉（おそらく牛肉）に変わっていた。

長溥は生涯、鷹を飼い続けた。屋敷には鴨池があり、猟をするための見張り小屋もあった。子供たちはそういう環境で育った。黒田家第十四代当主・長礼《ながみち》は『鳥類原色大図説』（全三巻）を著し、日本を代表する鳥類学者となった。十五代当主・長久《ながひさ》も鳥類学者となり、山階《やましな》鳥類研究所に勤務し、日本野鳥の会会長を務めた。幕末から明治にかけての鳥学は基本的には分類学だったから、狩りをしてたくさんの獲物を手にすることのできた者に学問の道が開けていたのである。

3　餌犬の値段

●会津藩の犬の総数調べ

殺されることがわかっていて、犬を差し出すことには、だれもがためらいを持つ。仮名草子『可笑記《かしょうき》』（江戸時代初期）に、鷹好きの大名の話が出ている。

昔さる大名が鷹を好み、大きな鷹、小さな鷹、三十余りも並べてうっとりとしていた。ある人が鷹部屋のほとりにたたずんで、その様子を見ていると、いきなり犬を引っ張り、刺し殺す人がいた。

「どういうことですか」と問えば

「鷹の餌です」と答える。

「なんと無残なことか。罪もないのに」

そばにいた人がいった。

「犬を殺さないと鷹が死にます」

見ていた人が応えた。

「鷹をもてあそばなければ、犬が死ななくていいものを」（要約）

『可笑記』の著者は「鳥獣をやたら殺して何かいいことがあるのか」と疑問を投げかけ、「人には慈悲があってほしいものだ」と結んだ。

餌犬は村ごとに石高に応じて割り当てられる。石高千石につき年一匹と決められているとすれば、五百石の村なら二年に一匹、村の責任で犬を差し出すことになる。

水戸藩栗ノ村の茂兵衛は運悪く餌犬を差し出す番に当たってしまった。茂兵衛は犬を引いて水戸に向かったが、水戸城下近く袴塚《はかまつか》まで来たところで犬が道の脇に寄り、小便をしながら倒れてしまった。「引き起こして見ると、犬は舌を食い切り死んでいた。畜生ではあるが、死をまぬがれないことを知り、このようにしたのか」（『桃蹊《とうけい》雑話』）。茂兵衛の息子安兵衛が語った六十年ほど前（寛永のころ）の出来事である。息子が語り継ぐほど茂兵衛の悲しみは深かった。

だれに餌犬を出させるか、村々の庄屋・名主にとっては悩ましい問題だったに違いない。

戦乱の時代が終わり、世の中が落ち着き始めると、大名の側も餌犬の強制供出を躊《ちゅう》躇《ちょ》し始める。皆それぞれに仏心がある。そこで生きた犬に代えて、お米やお金を差し出してすませるようになる。千石につき年一匹の定めなら、八百石の村は年に〇・八匹の割り当てになるが、〇・八匹という犬は現実には存在しない。実務上も金銭、お米で換算した方が計算がしやすくなる。

会津藩主保科正之《ほしなまさゆき》は二代将軍秀忠の四男で、将軍家光の異母弟にあたる。名君の誉れ高い。家光の遺言により、年若い四代将軍家綱を補佐し、明暦の大火のあと江戸城天守閣の再建を認めず、都市の復興、民政に力を注ぎ、その手腕が高く評価された。その名君・正之も会津藩の百姓から千石につき一匹の餌犬を出させていた。

慶安四年（一六五一年）、会津藩は領内郷村の犬の数を調べた。その時の調査結果「犬之惣数改《そうすうあらため》」（犬の総数調べ）が藩の記録『会津藩家世実紀』に記されている。

犬二千六百八十七疋
その内、御鷹餌に相なり候犬（餌になる犬）、四百二十八疋
老犬にて父犬に助け置く分（老犬のため助ける父犬）、百八十二疋
母犬同断（助け置く分）　三百六十三疋
子犬　百九十三疋

以上、千百六十六疋助け置く

この外、むく、べか、半べか、四つ目、かせの類、悪犬千五百二十一疋これ有候

会津領内の郷村の犬総数は二千六百八十七匹だった。そのうち鷹の餌になりそうな犬は四百二十八匹いたが、当面、父犬、母犬、子犬と合わせて千百六十六匹を助け置くことになった。

一方、鷹の餌にならない悪犬は千五百二十一匹いた。文中、「むく」とあるのは、毛の長い犬。長い毛が消化不良を起こすのか、『養鷹秘抄《ようようひしょう》』（室町時代）にも「餌にしない」とある。「べか」は小型犬で、一匹に数えられない。「半べか」も同じ。「四つ目」は目の上に別の目のように見える白い斑点がある犬のことだろう。目二つで獲物を探す鷹に四つ目は食わせられないという縁起かつぎか。「かせ」はやせて貧相な犬。

この調査結果を藩主に報告し、悪犬をどうするか内意を伺った。正之はさすが名君、百姓への仰せも教えさとすようにおだやかである。

犬を飼い置く者どもには、様々な犬がいるであろう。あるいは用心のため飼う者もいるだろうし、殺生《せっしょう》（食用）のため飼う者もいるだろう。それを押しなべ

て殺しては犬主《いぬぬし》どもの迷惑になるであろう。その上、御鷹の餌のために数疋の犬を殺すことは不便《ふびん》（不憫）に思う。もっともただ今、御鷹の餌に事欠くこともないので、それまで（必要になるまで）生かしておくように、と仰せられた。

鷹の餌にするため犬を殺すのは不憫だと正之は述べている。世の中が落ち着いてきて、為政者の側に御鷹餌犬について意識の変化が生じ始めている。しかし鷹狩りはやめるわけにはいかない。天下人である将軍を頂点に鷹を通じて封建社会のヒエラルキーが形成されているからだ。

●犬一匹、四万五千円から四万七千円

会津藩は慶安五年（一六五二年）に餌犬一匹の値段を「金一分と銀十匁」に決め、領内の百姓に代金・代銀納を認めるお触れを出した。当時は金一両（金四分）＝銀五十匁の時代だったから「金一分と銀十匁」は「銀二十二・五匁」の計算になる。ごくおおざっぱに金一両を十万円で換算すると、一匹の値段は四万五千円になる。

もともとどこにでもいる日本の犬に値段などなかった。金を出して犬を飼うような人はいなかった。早い話、犬はタダだった。それが犬を納められないなら、四万五千円払えというのだから暴利である。これが封建領主のやり方だった。幕府領や他藩の

事例を見ても犬一匹の代金額は会津藩とほとんど変わりがなかった。全国相場があったといっていいだろう。

明暦二年（一六五六年）に日光街道の草加など六宿は御鷹の餌犬の代わりに、一匹につき銀二十三匁五分ずつ納めることになったが、会津藩の代金と銀一匁しか違わない。円換算（概算）で四万七千円になる。

紀州家の付家老《つけがろう》（筆頭家老）安藤家支配の和歌山・田辺藩は万治《まんじ》三年（一六六〇年）に「一疋につき代銀二十三匁六分」だった。

少し時代が下って元禄五年（一六九二年）、幕府領山口村（山形県）の例では「千石につき犬二匹、代金は一疋につき金一分」だったが、これも千石につき金二分（銀二十五匁）の支払いとなるので、実際は全国相場並みだった。ただし、この年は生類憐みのため徴収しなかった。

代米の場合は一匹につき米五斗が通り相場だった。

細川・小倉藩も村ごとに餌犬を割り当てていたが、熊本転封後の寛文十年（一六七〇年）、郡《こおり》奉行所が出したお触れの中に「近年、犬一疋につき代銀十匁下され候」と記されている。熊本では餌犬集めがうまくいかず、藩は犬を買い上げていたようだ。幕領や他藩の代銀額に比べると、熊本藩の支払い額はその半分以下だが、それでも藩が金を支払うのは異例のことだった。そうでもしないと犬が集まらない時代になった。

御鷹餌犬と代金銀納、代米納の事例

松代藩 真田家	元和９年(1623年)	犬銀、百石につき三匁三分三厘。千石につき銀三十三匁三分
鶴岡藩 酒田家	寛永２年(1625年)	御鷹餌犬、高六百石に一匹、一年中出すべきこと
尼崎藩 青山家	寛永12年(1635年)	鷹の餌犬、用次第、差し上げること
	貞享元年(1684年)	餌犬の総数を九十匹から六十匹に減免
仙台藩 伊達家	寛永18年(1641年)	十貫文(約百四十四石)に犬一匹。千石で約七匹
	寛永21年(1644年)	十五貫文(約二百十六石)に犬一匹。千石で四・六匹
白河藩 榊原家	寛永20年(1643年)	御鷹餌犬は御用次第、お城へ差し出すこと
白河藩 本多家	慶安２年(1649年)	御鷹餌米、千石につき米五斗
岡山藩 池田家	慶安元年(1648年)	犬米の徴収を廃止
会津藩 保科家	慶安５年(1652年)	千石につき一匹、代金は金一分と銀十匁
宇都宮藩 奥平家	寛文５年(1665年)	御鷹餌犬は百姓がそれぞれ飼い置くこと
宇都宮藩 松平家	寛文８年(1668年)	高三百石につき犬一匹。藩主は松平(奥平)忠弘
宇都宮藩 本多家	天和元年(1681年)	一カ年、千石につき犬一匹
田辺藩 安藤家	万治３年(1660年)	千石につき一匹。代銀の場合は二十三匁六分。紀伊田辺藩

幕府領草加から栗橋までの六宿場町	明暦２年(1656年)	「千石につき年に餌犬六匹、代銀は一匹につき二十三匁五分」の高役免除の願い書。同年免除が認められる
彦根藩 井伊家	明暦２年(1656年)	御鷹餌犬の代銀を廃止し、必要な時は申し付ける
徳島藩 蜂須賀家	寛文９年(1669年)	鷹場の村での餌犬代銀を免除
	天和３年(1683年)	郷中の餌犬代銀を免除
熊本藩 細川家	寛文10年(1670年)	郡方「近年犬一匹に代銀十匁支払い」。鷹場の村で餌犬免除
尾張藩 徳川家	寛文13年(1673年)	「犬米」は千石につき五斗(村方記録)
幕府領 小川新田村	延宝６年(1678年)	犬一匹につき銀二十三匁。現東京都小平市
弘前藩 津軽家	天和３年(1683年)	御鷹餌犬を廃止、各農家に餌犬代銀二匁を支払わせる
幕府領 山形山口村	元禄５年(1692年)	千石に犬二匹、代金は一匹に金一分。千石で金二分(銀二十五匁)
越後高田藩 榊原家	寛保２年(1742年)	中畑村(福島県矢吹町)で犬米、百石につき米五升。千石に五斗
福岡藩 黒田家	享保のころから	「御鷹の餌のスズメ運搬費」を名目に高一石につき五勺《しゃく》の「御鷹餌五勺米」。高千石で五斗

『長野県史近世史料編7』『庄内藩農政史料上巻』『西宮市史資料編1』『日本林制史資料仙台藩』『仙台藩租税要略』『宮城県史2』『福島県史8』『池田光政日記』『会津藩家世実紀1』『栃木県史史料編近世1』『紀州田辺万代記1』『草加市史資料編3』『新修彦根市史史料編近世』『藩法集3徳島藩』『熊本県史料集成11』『新編一宮市史資料編9』『小平市史料集21』『津軽史13』『日本林制史資料29』『福岡県史資料10』をもとに作成

第四章

「犬」——虐げられた言葉

1　犬矢の怪

●平安時代、犬の糞は天からの警告だった

世間からずっと邪魔者扱いされ続けてきた犬の糞が、脚光を浴びた時代があった。平安時代である。天皇、貴族を震え上がらせるだけの力を犬の糞は持っていた。

仁明《にんみょう》天皇の承和《じょうわ》九年（八四二年）七月七日、内裏《だいり》で不思議なことがあった。平安朝の正史『続《しょく》日本後紀』に短い記事が載っている。

「夜中、御在所の版位《へんい》の上に犬矢」

御在所（清涼殿）に、参内《さんだい》した公卿《くぎょう》たちが着座する場所を示す銘板が置かれていた。その銘板を版位という。その上に犬矢があった。犬矢とは犬の糞の別称である。動物たちの異常な行動は異変の前兆だった。天の意思がそこに現れる、と当時の人は考えていた。

犬矢が見つかった翌日、太上《だじょう》（嵯峨《さが》）天皇の体調がすぐれず、内裏で予定されていた相撲行事が中止になった。仁明天皇は詔《みことのり》を出して、子としての孝敬《こうけい》が足りないことを詫び、罪人を大赦《たいしゃ》したが、それもかなわず八日後の七月十五日、太上天皇は亡くなった。鷹狩りを好んだ太上天皇の鎮魂のため鷹犬と籠の中の小鳥を放生《ほうじょう》した。さら

に伴健岑《とものこわみね》、橘逸勢《たちばなのはやなり》の謀反《むほん》が発覚し、十七日二人が捕えられた。犬矢は異変が起きることへの警告だったと解釈された。

犬矢の読み方ははっきりしないが、漢語に馬糞を意味する馬矢《ばし》という言葉があることから類推すると、もともとは「けんし」と呼んでいたのだろう。「矢《し》」は、屎尿《しにょう》の「屎《し》」の代わりに、同じ発音、同じ意味で使われていた。仁明天皇の次の次、清和天皇の時代に宮中では犬の死体に触れることが穢れとなり、穢れが消えるまで五日間の物忌みをすることになった。これを「けんし（犬死）の穢《え》」と呼んだ。犬死《けんし》と区別するために、犬矢は「いぬし」または「いぬのし」と呼んだのかもしれない。「矢」はその後も「屎《くそ》」を意味する言葉として平安時代の貴族の日記に頻繁に登場する。

永延二年（九八八年）閏五月二十六日、三種の神器のひとつ八尺瓊勾玉《やさかにのまがたま》が入った璽御筥《しるしのみはこ》の上で鼠矢が見つかり、占いにより「火の用心」の警告だと判定された。猫糞は猫矢、鳥の糞は鳥矢と書かれている。万寿二年（一〇二五年）十一月二十八日の『小右記《しょうゆうき》』に、ネズミに咬まれた時の治療法として「猫矢の焼灰」を使うと記されている。承徳《じょうとく》二年（一〇九八年）七月九日の『中右記《ちゅうゆうき》』には、賀茂社の式年遷宮《せんぐう》に参列した筆者の藤原宗忠《むねただ》（のちに右大臣）が境内でお尻に「鳥矢」の直撃を受けたことが書かれている。

仁明天皇の承和十年（八四三年）五月十四日、また犬矢の怪があった。「殿上の御座《おまし》の前、参議以上が座るあたりに犬が登り、へどを吐き、屎《くそ》を遺《のこ》す」（『続日本後紀』）

これは何の警告か。いろいろ調べた結果、神功《じんぐう》皇后陵に奉るはずの弓、剣を誤って成務《せいむ》天皇陵に奉ったことがわかった。犬のへどと屎は、その過ちに対する警告であると判定された。

陽成《ようぜい》天皇は元慶《がんぎょう》元年（八七七年）、わずか九歳で即位したが、在位時代、二度にわたって紫宸殿《ししんでん》前の版位の上で犬矢が発見された。この天皇は奇矯《ききょう》の振る舞いが多く、後世「この天皇は性悪《しょうわる》にして、人主《じんしゅ》の器として耐えられない」と『神皇正統記《じんのうしょうとうき》』（北畠親房《きたばたけちかふさ》 著）に書かれたほどだった。

陽成天皇時代の犬関連略年表を作ってみた。

元慶元年　紫宸殿前の版位上に犬屎《くそまる》。大学寮で犬産穢《さんえ》。内裏で犬産穢、伊勢奉《ほう》幣《へい》延期。

同二年　内裏で犬死《けんし》、大原野祭中止。内裏中院で犬死。

同三年　内裏で犬死穢。

同四年　内裏で犬産穢、神事中止。禁中で犬死、伊勢奉幣使、出発取りやめ。内裏犬産穢。

同六年 内裏で犬死穢、天皇神嘉殿《しんかでん》に行かず。犬産穢、二日遅れで伊勢奉幣使。内裏犬死。
同七年 紫宸殿前の版位に犬屎《くそまる》。内裏で犬死、神嘉殿に行かず。
同八年 内裏で犬を闘わせ楽しむ。強制的に退位させられる。

元慶七年の犬矢は天皇その人への警告であるように思われた。同八年、十七歳になっても天皇は内裏の庭での闘犬をやめず、周囲から愛想を尽かされ、花見に誘い出されたあと、内裏に戻ることもなく、そのまま退位させられてしまった。

上皇となってのち、陽成院はさらに六十五年生きて八十二歳で亡くなった。陽成院の歌が百人一首に一首だけ残されている。

つくば嶺《ね》のみねより落つるみなの川こひ（恋）ぞつもりて淵となりぬる

歌意＝筑波の峰から落ち来る男女川《みなのがわ》（男川《おがわ》と女川《めがわ》）は私たちの恋のように積もって淵になりましたよ。

犬で失敗した陽成院は恋歌の歌人としてその名が後世に残った。人生とはわからないものだ。さすがの犬矢もそのことまでは見通せなかった。

平安時代に起きたその後の犬矢の記録を列挙しておこう。

陽成の次、光孝《こうこう》天皇の仁和《にんな》元年（八八五年）、紫宸殿前の版位の上で犬が屎をした。陰陽寮で占うと、「兵火、慎むべし」と天意が示された。（『日本三大実録』）

朱雀《すざく》天皇の承平《じょうへい》二年（九三二年）、南殿（紫宸殿）前の版位に犬矢があった。「戦いを慎むべし」と占いの結果が出た。（『小右記』）

瀬戸内海では海賊が横行し、東国の情勢も不穏だった。三年後、平将門《たいらのまさかど》の承平の乱が起こる。

村上天皇の天暦《てんりゃく》元年（九四七年）、内裏の殿上で犬矢が発見された。その翌日、大風が吹き、間もなく物怪《もののけ》が跋扈《ばっこ》し始め、疱瘡《ほうそう》が大流行した。（『日本紀略』）

一条天皇の長徳《ちょうとく》四年（九九八年）、天皇の御座の上で犬矢が見つかった。（『日本紀略』）

後一条天皇の治安《ちあん》元年（一〇二一年）、宮中 賢所《かしこどころ》で怪しい音が鳴り、さらに御座に犬矢が見つかった。天皇は物忌みに入り、豊明節会《とよのあかりのせちえ》（新嘗祭《にいなめさい》のあとの宴会）に出なかった。（『小右記』）

堀河天皇の寛治《かんじ》七年（一〇九三年）、昼御座《ひのおまし》（天皇の昼間の御座所）の畳の上に犬矢があった。蔵人所で御卜《みうら》（亀甲占い《きっこう》）があり、天皇は薬の服用をやめた。（『中右記』）

鳥羽天皇の天永《てんえい》二年（一一一一年）、昼御座に犬矢があり、御剣の緒が食われた。陰陽師が占う。（『殿暦《でんりゃく》』）

後鳥羽天皇の文治《ぶんじ》三年（一一八七年）、清涼殿の二間《ふたま》で犬矢が見つかった。御卜をすべきかどうかの問いに、摂政九条兼実《くじょうかねざね》は「（天皇の）昼御座であれば御卜をするが、女房の所であれば問題はない。小怪小異では御卜はしない」と答えた。(『玉葉《ぎょくよう》』)
御卜をしようが、すまいが、犬とは全く関係のないことだった。犬矢が何を告げようと、すべて人の世の迷いごとだった。

2　内裏の犬狩りと「犬死」の誕生

●犬の島流しから射殺へ

内裏(御所)は天皇が居住する御殿である。平安時代初期の内裏図を見ると、紫宸殿をはじめ「殿」のつく建物が十八、「舎」のつく建物が七つある大御殿群だった。内裏はしばしば焼失した。ほとんどが放火だった。火事騒ぎの混乱に乗じて物を盗む。天徳《てんとく》四年(九六〇年)、貞元《じょうげん》元年(九七六年)、天元《てんげん》三年(九八〇年)、天元五年(九八二年)と立て続けに内裏が焼失し、そのたびに内裏が新造された。

永観《えいかん》二年(九八四年)、十七歳で譲位を受けた花山《かざん》天皇は火災後に造られた新造内裏に移った。即位式を四日後に控えた十月六日昼過ぎ、仁寿殿《じじゅうでん》に出て馬を見たあと、権《ごんの》中将《ちゅうじょう》の藤原公任《きんとう》が持っていた御剣を蔵人頭《くろうどのとう》に預け、犬狩りを命じた。(『小右記』)

即位式もすませていないのに、御剣を渡して犬狩りを命じる常識外れの天皇だった。この時の犬狩りがどのように行われたか不明だが、内裏で犬を殺さなかったことだけは間違いない。当時の法では犬の死は五日の穢れとなり、四日後の即位式ができないからだ。しかし花山天皇のおかげで当時の内裏に野良犬が入り込んでいたことがわかる。（花山天皇は十九歳の時、側近にそそのかされ内裏を抜け出し出家してしまう）

天皇の側近である蔵人の手引書『侍中群要《じちゅうぐんよう》』に「犬狩」の手順が記されている。花山天皇の一件をふまえて決められたもののように思われる。犬狩りをする日、方法が明文化された。

「仏事や神事のない時、ならびに休日、お物忌みの間に（天皇の）仰せに従い、左右近衛《このえ》の武官が犬狩を行い、滝口《たきぐち》（の武士）等がこれに従い、蔵人らが御所の犬を追い立て、狩りとる。合わせて左右衛門《えもん》の官人を召して犬を放流させる」

いつでも好き勝手に犬狩りをやるのではない。仏事、神事のない時、休日、物忌みの間に犬狩りをすると断り書きが付いている。

犬を追い立てるのは蔵人の仕事で、狩りとるのは清涼殿近くの滝口に詰める武士たちだった。犬は殺さなかった。島流し（放流）にしていた。凶暴な犬は胡床《こしょう》（折り畳み式の椅子）で頭首腹をはさんで捕獲した。

長保《ちょうほう》元年（九九九年）、またも内裏が炎上した。一条天皇は一条院の邸宅に移り、ここを仮の内裏（里内裏《さとだいり》）とした。長保二年（一〇〇〇年）、宮中で飼われていた犬の翁丸《おきなまろ》が天皇の愛猫を襲い、怒った天皇は「翁丸を打ち懲らしめたあと、犬島《いぬじま》に追いやれ」と蔵人に命じた。（『枕草子』）

このころ淀川の中州に犬島があった。[*注4] しばらくして清少納言は内裏の庭にみすぼらしい犬がいるのに気づいた。翁丸だった。犬島から独力で戻って来たのだ。里内裏の庭には外から犬が簡単に入り込むことができたのである。

一条天皇の孫の後三条天皇（一〇六八年即位）は大の犬嫌いだった。

「後三条院は犬を憎んでおられて、内裏にやせ犬の汚いのがいるのを見て、取り棄《す》てよ、と蔵人に仰せられたので、（天皇は）犬を憎んでおられると（人々は）思い、京中から始まり諸国まで犬を殺した。帝《みかど》はこれを聞いて驚かれたので、殺すのをやめた」（『古事談』『中外抄《ちゅうがいしょう》』）

内裏での犬狩りもだんだん手荒になってくる。平安時代、内裏は十四度焼亡《しょうぼう》し、天皇は里内裏に住むことが多くなった。もともと貴族の邸宅である里内裏は野良犬の出入りも激しかった。

注4　「犬島や中なる淀の渡守《わたしもり》いかなる時に逢瀬ありけむ」（『如願集《にょがん》』）などを根拠にした国文学者・萩谷朴《はぎたにぼく》の見解『枕草子解環《かいかん》』による。

承徳《じょうとく》二年（一〇九八年）十二月五日、堀河天皇は里内裏（高陽院《かやのいん》）の犬狩りを命じた。

「今日、頭弁《とうのべん》（蔵人頭）が新しい文指《ふみさし》で書類を天皇に差し出した。昨日、犬狩をしている間に蔵人の源家時が文指で犬を打ち、折ってしまった」（『中右記』）

文指は天皇に文書を渡すための木製の道具。手渡ししないで文書が受け取れるように、杖のような形をしていて、その先に文書をはさむ。これで犬を打ち、折ったというのだから、あわてたのだろう。

このころ禁裏の犬狩りで公然と弓を使い始めたようだ。順徳《じゅんとく》天皇が宮中の儀式、行事などをまとめた『禁秘鈔《きんぴしょう》』には、次のように記されている。

「蔵人が仰せを受けて（犬狩を）命令する。所衆《ところのしゅう》（蔵人所の下級官）と滝口（の武士）が参る。滝口は弓矢を携え、ところどころに待ち構えて犬を射る。所衆は縁の下に入り、犬を狩り出す。この役は大変見苦しい。そこで最近はわざと遅れてくる。その場合は召籠《めしこめ》（禁固刑）と決められた。そのため衛士《えじ》や取夫《とりぶ》が縁の下に入るようになった」

『禁秘鈔』は鎌倉時代初めに編纂《へんさん》されたが、犬狩りの記述は平安時代後期の蔵人所の規則と思われる。『禁秘鈔』には、堀河天皇の犬狩りの時、殿上人が弓矢を持って待機し、犬が座敷に逃げないようにした先例が記されている。犬の追い立て役の責任者である蔵人頭も弓矢を携えていた。

胡床で首をはさんで捕まえるような面倒なことはやめ、弓で射る。しかも犬狩りの規則から「放流」の語が消えてしまった。弓で射るという以上は、殺してもかまわないということだ。「犬狩は物忌み期間中にやると都合がいい」と堀河天皇に仕えた大《おお》江匡房《えのまさふさ》がいっている。犬の死の穢れに触れた時は五日間の物忌みとなるが、かりに犬が死んでも、もともと物忌み中だから公務への影響は少ない。矢が当たっても生きているうちに内裏の外へ運び出せば、犬の死穢には触れない。

生きたまま島へ送る犬狩りから、弓で射る犬狩りへ変貌した時、無駄な死を意味する犬死《いぬじに》という言葉が生まれ、武士の間に広まっていったと私は推測している。犬死は庶民が使う言葉ではない。鎌倉時代に書かれた軍記物に犬死という言葉が何度も登場するが、犬死は武士の時代にふさわしい言葉だった。

保元《ほうげん》の乱（一一五六年）で崇徳《すとく》上皇方につき敗れた源為義《ためよし》はわが子、源義朝《よしとも》に斬首《ざんしゅ》される。無念の死を前に為義は「さては犬死せんずるにこそ（犬死するのか）」と涙にむせぶ。（『保元物語』、異本では「犬死せんずるござんなれ」）

『平家物語』では、戦いに敗れた木曾義仲《よしなか》が見そめた女との名残を惜しんで部屋にこもり、味方の武将から「犬死せさせ給《たまい》なんず（犬死にされますよ）」とせかされる。

『源平盛衰記』、源平一ノ谷の合戦。熊谷《くまがい》次郎直実《なおざね》と小次郎直家《なおいえ》の親子、先陣を切ろうとするが、まだ夜中。出会った武者に「ただ一人敵の中に討ち入っても、証人のいない所で死んでしまえば、何でもない無駄なこと。犬死とはそのことなり」とさとされる。

【イヌジニ】戦争の際に、目ざましいこともしないまま、死ぬべき時や所でもないのに死ぬこと。（『日葡《にっぽ》辞書邦訳』、慶長八年・一六〇三年）

犬死という言葉は強烈なインパクトのある言葉だった。武士たちは何かあると「犬死」を口にした。

●鎌倉時代の「犬追物」と「犬合わせ」

政治の実権を握った武士は、武芸と遊興を兼ねて犬追物《いぬおうもの》を始めた。記録に残る最初の犬追物は承久《じょうきゅう》四年（一二二二年）二月六日、鎌倉幕府四代将軍・藤原頼経《よりつね》の前で行われた。犬二十四、射手四人。「希代《きたい》の珍事」と『吾妻鏡《あずまかがみ》』は記している。「珍事」というくらいだから、犬追物はまだ珍しかった。犬死という言葉は源平の合戦のころにはすでに使われていたと思われるから、犬追物は犬死よりもあとに生まれたと考えていいだろう。

犬追物は犬に矢を放って当てる競技だが、犬を殺さないように競技用の矢（蟇目《ひきめ》）を使った。犬の数は一定ではなく、さまざまなルールが作られ、武士の間に広まっていった。競技ルールが確立する以前は、本物の矢を使うこともあっただろう。騎馬武者に追い立てられ逃げまどう犬の姿は、内裏の犬狩りで矢を放たれた犬たちを連想させる。

犬追物に使われた犬たちは、飼い主もなく、家を守ることもなく、ただ追われるだけのつまらない生き物になってしまった。「大方、生ける物を殺し、痛め、闘はしめて遊びたのしまん人は、畜生残害《ざんがい》の類なり」(『徒然草』)。犬の命は軽かった。

鎌倉北条氏最後の執権・北条高時《たかとき》は、嘉暦《かりゃく》元年(一三二六年)、仏門に入り相模入道《さがみにゅうどう》と名乗った。遊興を好んだ相模入道高時は犬が咬み合うのを見て、闘犬をやろうと思い立ち、諸国から犬を集めた。守護、国司《こくし》、地方の大名は十匹、二十匹と犬を引き連れ、鎌倉に参上した。犬には魚や鳥を与え、美しい衣装で飾り立てた。鎌倉中にあふれた犬の数は四、五千匹にも達した。高時は「犬合わせ」の日を月に十二回と定めた。「一族大名、内外の人々が見守る中、犬を両陣に分け、百、二百匹ずつ放した。犬は入り乱れ、追い合い、上になり、下になり、犬の咬み合う声は天に響き、地を動かした。これは皆、戦いで死んでいく前兆であった。あさましい挙動だった」(『太平記』、要約)

相模入道高時の犬合わせの一件は『太平記』作者の創作ではないだろう。規模の大小はあるにしても、時の権力者がその気になれば、数千の犬を集めることは難しくない。「戦いで死んでいく前兆」——高時は新田義貞《にったよしさだ》の軍勢に攻め込まれて自害し、鎌倉幕府は滅亡する。

こういう時代風潮の中で、「犬」という言葉は「無駄」「つまらないもの」「役に立たないもの」という意味を持ち始めたのだろう。犬にははた迷惑な話だが、実際、役に立たない犬が日本中どこにでもいたこともまた確かだった。

3　犬とは「似て非なるもの、つまらないもの」

●「犬死」誕生後の文学

単純明快に、犬やその他の動物を人間より劣ったもの、つまらないものだと述べる例は古くから多数ある。たとえば、空海は次のように述べる。

「空しく四運《しうん》（時間）を過ごすこと犬豚《けんとん》の如し」（『三教指帰《さんごうしいき》』）

「迷方《めいほう》は犬羊《けんよう》に似たり（迷い歩くさまは犬羊に似ている）」（『性霊集《しょうりょうしゅう》』）

人間について語る時、劣った存在として動物を引き合いに出して論理を展開していく。よくあることだ。常套《じょうとう》的表現ではあるが、単なる言葉の上での修飾ではなく、あらゆる動物が人間より劣るというのは、当時の人間にとって絶対的真理だった。

ところが犬死という言葉が普通に使われるようになってから、どこかの時点で、あらゆる獣畜の中で、「犬」だけが特別に「無駄」「つまらないもの」を意味し始める。

その時期は室町時代後期のように思われる。

『犬俤《おもかげ》』『いぬ桜』『犬おだまき』『犬古今』その他、俳諧、俳句集には「犬」のつくものが多数ある。その始まりは山崎宗鑑《そうかん》編の俳諧集『犬筑波集』（室町後期）だとされる。有名な連歌集『菟玖波《つくば》』のような立派なものではありませんが、とへりくだり、「犬」をつけて「犬筑波」と呼んだ。その中で最も有名な前句付け（下の句七七に、上の句五七五を付ける）——

きり（切り）たくもありきり（切り）たくもなし（前句）
ぬす人《びと》をとらへてみればわが子なり（付句）

連歌とは似て非なる俳諧集ができあがった。

「つまらないものですが……」と随筆などの題にも「犬」をつける。犬からしてみれば余計なお世話である。『犬方丈記』、『犬つれ〴〵』（犬徒然草）、『犬枕』（犬枕草子）——どんなことが書いてあるか、さわりの部分だけ見てみよう。

まずは鴨長明《かものちょうめい》の随筆『方丈記』（鎌倉時代前期）の書き出しから。

「ゆく河の流れは絶えずして、しかも、もとの水にあらず。淀みに浮かぶうたかたは、かつ消え、かつ結びて、久しくとどまりたる例《ためし》なし」

これに犬がつくとどうなるか。今長明《いまのちょうめい》『犬方丈記』（天和二年・一六八二年）の書き出し。

「おく質の流れは請《こは》ずして、しかも元の利もあげず。米屋そうり（争利）やるうちまき（米）は、かつきれ、かつあがりて、久しく下がる事なし」

『方丈記』のパロディだが、書かれている内容はおふざけではない。綱吉が将軍になった延宝八年（一六八〇年）に始まる飢饉《ききん》の惨状と米の値上がりを告発している。

「質屋に置いた品物が流れそうになっても止めず、借りた金の利息分ももうからない。米屋が利を争う米（うちまき）は、かつ品切れ、かつ値上がりして、久しく下がることがない」

続いて吉田兼好『徒然草』（鎌倉時代後期）の書き出し。

「つれ〴〵なるまゝに、日暮《ぐ》らし、硯《すずり》にむかひて、心にうつりゆくよしなし事を、そこはかとなく書きつくれば、あやしうこそものぐるほしけれ」

これに「犬」がついて、著者不明『犬つれ〴〵』（承応《じょうおう》二年・一六五三年）になると、

「つれ〴〵なるまゝにとぢこもり、硯に向ひて心に思ふよしなし事を、そこはかとなく書きつくれば、片腹いたく、いとおかし」

こちらの「犬」は『徒然草』とは似て非なるもの、書き綴られる内容は「片腹いた

く、いとおかし」い稚児若衆《ちごわかしゅ》の色の道の心得である。

『犬枕』（慶長初年ごろ）は『枕草子』のパロディ集だが、よくできている。

○嬉しき物
一　人知れぬ情け
一　思ふ方よりの文
○見たき物
一　月、花、思ふ人の顔
一　惚れたる人の心の中
○恐ろしき物
一　理非を知らざる人
○憎き物
一　忍ぶ夜の犬の声（要約）

せっかく人目を忍んで行ったのに、邪険な犬が吠え立てる。本家『枕草子』には「にくきもの……しのびてくる人、見しりてほゆる犬」（忍んで来る人を知っているのに吠える犬）とある。

●誤解された「犬桜」と「犬蓼」

イエズス会の『日葡辞書』（慶長八年・一六〇三年）の【inu（イヌ）】の項には次の説明がある。

「このイヌという語は、往往《おうおう》、木や果実などを示す名詞と複合して、その木なり果実なりが本来のものでないとか良くないとかいうことを意味する」（『日葡辞書邦訳』）

『日葡辞書』には、「犬」のつく植物として、イヌタデ（犬蓼）イヌギリ（犬桐）、イヌザンショウ（犬山椒）が載っている。

俳人松永貞徳《ていとく》は『新増犬筑波集』（寛永二十年・一六四三年）の前書きで「犬」の意味について「犬とは犬桜《いぬざくら》、犬蓼《いぬたで》のごとし」と述べている。似て非なるもの、本物と違って「つまらないもの」「役に立たないもの」の例として、いつも挙げられるのが犬桜と犬蓼だった。

似て非なるもの、犬桜とはどんな桜なのか。

平安時代後期の歌人、源俊頼《としより》が犬桜の歌を詠んでいる。

山かげにやせさらぼへるいぬ桜おひはなたれてひく人もなし　（『散木奇歌集《さんぼくきかしゅう》』）

歌意＝山かげにやせ衰えた犬桜が咲いている。老いてほうっておかれ、ひいきにする人もいない。（老いて犬牽《いぬひき》もいない鷹犬のように、私も年とって、ひいきにしてくれる人がいなくなってしまいましたよ）

犬桜はみすぼらしいもの、つまらないものとして歌に詠まれている。犬桜という言葉が確認できる史料はこれが一番古い。以来、犬桜はつまらないものとして、歌や俳句に詠まれ続けてきた。

木末《こずえ》よりさてこそほゆれ犬ざくら　荒木田守武《もりたけ》（『守武千句』、室町後期）

名にしをはばおる（折る）人ほえよ犬桜　松平家忠《いえただ》（『家忠日記』、天正十年・一五八二年）

犬桜は花をほめられることはない。だからせめて吠えなさいという典型的な犬桜の句だ。

風吹《かぜふけ》ば尾ぼそう（細う）なるや犬桜　宗房《そうぼう》（『続山井《ぞくやまのい》』寛文七年・一六六七年刊）

宗房《むねふさ》は松尾芭蕉の若い時の名前だ。それをそのまま俳号にした。芭蕉は犬桜の花を犬の尾に見立てている。

犬桜は分類学上はサクラ属だが、山桜などとは別種のウワミズザクラの仲間である。穂状の白い花をつけるが、普通の桜には似ていない。はらはらと花びらは風に散らない。開花は山桜よりも半月以上遅い。牧野富太郎『日本植物図鑑』には「犬桜はサクラに類するがサクラではないのでこのようにいう」と説明されている。（戦後の『牧野日本植物図鑑』以降の図鑑にはこの記述はない）

犬桜(東京・新宿御苑)

ところが江戸時代には別の桜を犬桜と呼ぶ人たちがいたから、話がややこしい。「犬桜。花は桜（山桜）に似て、同時に咲く別類なり。はなはだ劣れり」（貝原益軒《かいばらえきけん》『大和本草《やまとほんぞう》』、宝永六年・一七〇九年）。犬桜の説明は、これで全文である。

文化八年（一八一一年）、国文学者・屋代弘賢《やしろひろかた》は実物の犬桜を見たことがなかったので、上野寛永寺境内に見に行った。

「さても犬ざくらというは、桜に似て桜にあらずという名なり。この一木《いちぼく》も花は桜にたがうことはあらねど、木立と葉形はことなるものなり。うはみづ（ウワミズザクラ）を犬桜というはあやまりなるべし」（『百草《ももくさ》』所収、要約）

貝原益軒は「花は桜に似ているが、はなはだ見劣りがする」といい、屋代弘賢は「花は桜と違わないが、桜に似て桜にあらず」という。二人が犬桜だと主張する桜が何という名の桜か不明だが、「犬」の意味については「はなはだ劣れり（見栄えがしない）」「桜に似て桜にあらず」と解釈している。

犬蓼はどんな植物か。通称アカマンマ。赤い穂状の花をつける。野原に普通に生える。

貝原益軒『大和本草』は、イヌタデとは馬蓼《うまたで》のことで、「馬という名は大きなものに付ける。日本では似ていて賤《いや》しきものを犬という」と記す。犬、似ていて賤しいもの説をとる。

「似て非なるもの説をとる。

寺島良安《りょうあん》『和漢三才図会』（正徳《しょうとく》二年・一七一二年）は犬蓼の「犬」について、「似ているが、紛らわしい物には犬をつけて和名とする」と記す。犬、似て非なるもの説をとる。

「犬」のつかない蓼は若葉で蓼酢《たでず》を作って魚に添え、食用にした。

小野蘭山《らんざん》『本草綱目啓蒙《ほんぞうこうもくけいもう》』（享和《きょうわ》三年・一八〇三年）は「野生にして辛味なく、食用にたえざるものは皆イヌタデ、または河原タデと呼ぶ」と記す。犬、役に立たないもの説をとる。

これらの説は正しいのだろうか。鎌倉時代の貞応《じょうおう》三年（一二二四年）、民部卿《みんぶきょう》（藤原）為家《ためいえ》が「辛い犬蓼」の歌（『夫木《ふぼく》和歌抄』）を詠んでいる。

からきかなかりも（刈りも）はやさぬ犬たでのほ（穂）になるほどにひく人もなき

歌意＝辛いですね。（種をまき、若芽を）刈り取っても、犬蓼は大きく生《は》やしてはだめです。穂がなるほどになると（辛味もなくなり）、もう取っていく人もいませんよ。

この歌によれば、犬蓼も辛く、若芽を食用にしていたと思われる。「賤しい」「似て非なるもの」「役に立たない」というような意味は、この歌の「犬」からは読み取れない。

似て非なるもの、有用でない植物は、犬桜、犬蓼にならって次から次へと頭に「犬」がつけられた。犬アワ、犬キビ、犬ゴマ、犬エンドウ、犬ツバキ、犬ウド、犬ビワ、犬カシ、犬マキ、犬カヤ、犬シュロ、犬クリ、犬タチバナ、犬シダ、犬ワラビ……まだまだたくさんある。

「犬ナントカ」の「犬」とは「似て非なるもの」「つまらないもの」「役に立たないもの」「無駄なもの」を意味している。それが世の中の常識である。あらゆる図鑑、辞書類は又引きに又引きを重ね、そう書いている。だが、その常識は本当に正しいのだろうか。「犬」のために一席弁じ、誤解を解いておきたいと思う。常識は常に正しいとは限らない。

『本草和名《ほんぞうわみょう》』は日本最古の薬物書である。延喜《えんぎ》十八年(九一八年)ごろ、醍醐《だいご》天皇の時に編集された。中国の各種薬物を日本では何というのか、その名を記した漢和辞書だ。ここに記載されている「犬」のつく植物は五つある。

【狗脊　くせき】和名オニワラビ、一名**イヌワラビ**。

(その形が犬の背中に似ているので、この名がついたという)

【紅草　こうそう】一名遊龍《ゆうりゅう》。和名**イヌタデ**。

(垂れ下がった赤い穂の形から、中国では遊龍。龍の遊ぶ姿になぞらえた)

【蘇　そ】野蘇《やそ》。和名**イヌエ**、一名ノラエ。

（蘇はシソのこと。漢方薬になる。花穂はやや垂れ下がる）

【仮蘇　かそ】一名荊芥《けいがい》。和名ノノエ、一名**イヌエ**。

（シソ科の薬草ケイガイ。花穂に薬効がある）

【香薷　こうじゅ】和名**イヌエ**、一名**イヌアララギ**。

（シソ科。現在の標準和名はナギナタコウジュ。穂の形を薙刀《なぎなた》に見立てた。体の熱をとり去る）

『本草和名』はもともと薬物の書だから、役に立つものばかり載っている。頭に「イヌ」がついても、似て非なるもの、役に立たない、つまらないものは一つもない。

この五つの植物につけられた「イヌ」は犬の形に関係している。イヌワラビは丸まった犬の背中、イヌタデは穂の形を犬の尾または犬そのものに見立てた。シソ科の三つの薬草はそれぞれに固有の名前を持っているが、通常は区別せずにイヌエと呼んでいたらしい。これも花穂の形を犬の尾に見立てたようだ。

犬桜がないのは、中国の本草書に記載がなかったせいだろう。中国には犬桜がないようだ。

平安時代中期の漢和辞典『倭名類聚鈔《わみょうるいじゅしょう》』には『本草和名』に出ていない犬のつく植物が一つだけ記載されている。

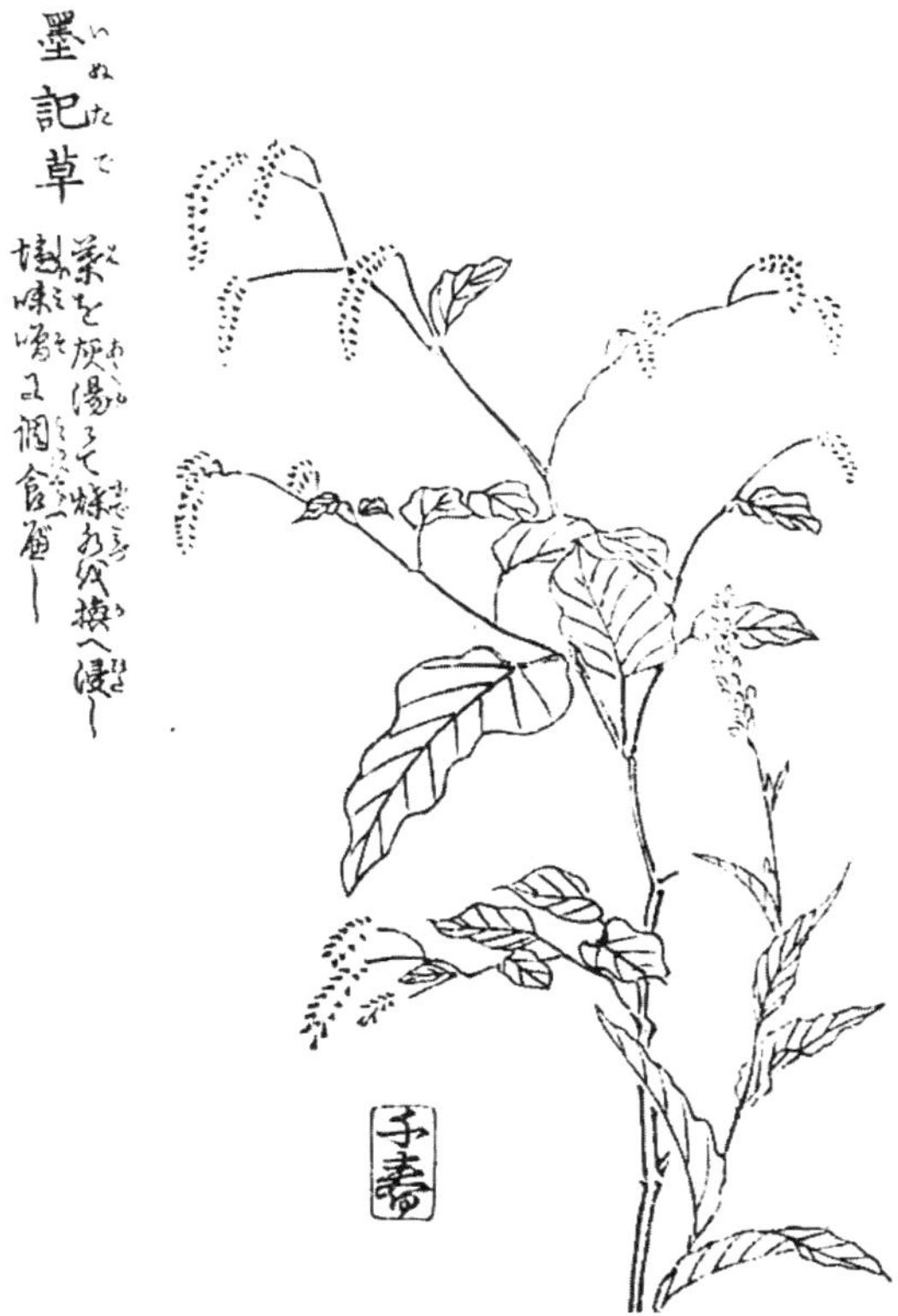

いぬたで　墨記草(犬蓼の別名)　『備荒草木図』(天保4年、国立国会図書館蔵)「(飢饉の時は)葉を灰湯《あくゆ》でゆで、水を換えひたし、塩、味噌で調え食うべし」と説明がある。

【狗尾草　くびそう】エヌノコクサ（恵沼能古久佐）

エヌノコクサの「恵沼（エヌ）」は「犬」のことだ。狗尾草の標準和名はエノコログサ。エノコロは「犬ころ」のこと。草の名は犬の尾の形からついた。通称ネコジャラシ。今ではこちらの方が通りがいい。

これで、はっきりしたと思う。「犬」が頭につく植物名の「犬」は、もともとは犬の形と関係があった。少なくとも平安時代まではそうだった。犬桜もその花穂に特徴があり、これを犬の尾に見立てたのだろう。芭蕉も犬桜の句で、犬の尾に見立てている。

ところが武士の時代が始まり、恩賞もなく無駄に死んでいくことを「犬死」と呼ぶようになった。「無駄」「役に立たない」のは「犬」ではなくて「犬死」なのだが、やがて「犬」という言葉そのものが「無駄」「役に立たないもの」を意味するようになり、「犬死」の影響を受けて、犬桜や犬蓼の「犬」も本来の意味が忘れ去られてしまったのではないか。

「犬」とは「無駄なもの」「役に立たないもの」「つまらないもの」「似て非なるもの」のこと……だれもがそう思い始めると、それが常識になる。

4　とうとうスパイになった

●人のあとを嗅ぎ回る犬たち

慶安五年（一六五二年）一月、尾張藩は名古屋の町民に、あれはしてはいけない、これはしてはいけない、と日常生活のこまごましたことについて御法度《ごはっと》を出した。子供のこと、奉公のこと、喧嘩や盗難のこと、全部で九十二項目もある。たくさんありすぎて、ただの書付ではおさまらず、帳面（「町中諸事《まちなかしょじ》御《お》仕置帳《しおきちょう》」）になっている。その四十五番目に犬のことが出てくる。

> 犬殺しは先年より御法度である。犬殺しはやめるべきである。ただし町人や子供に喰い付いたり、売り物の品を取ったりすれば、杖でも棒でも打ち払いなさい。町中で奉公人が犬を殺すか傷付けるかしたら、その町の者は奉公人の主人に断ったうえで、こちら（町奉行）に申し出なさい。隠すのは犯罪である。

犬殺しは風紀上よくない。当然、食うことも禁止だ。
御法度の五十九番目にまた犬のことが出てくる。

金銀のはつし（はづし）などを持って来て安く売る者は不審なので、その者が帰る時、犬を付け、宿を見ておくこと。

はづしとは、たんす、馬具その他、本体から金属部分だけ取り外したものをいう。盗品の疑いがある。はづしを持って来た者に犬を付けるとは、どうやって付けるのだろうか。ちょっと考え込んでしまった。さらに読み進んでいくと、七十二番目にまた犬が出てきた。

質屋方へ不審な物を持って来たら、質にとって、その者が帰る時に犬を付け、宿を確かめておくこと。男女を問わず、たびたび質入れし、その身に不相応な品を持参したら不審と思い、犬を付け、宿を確かめておくこと。ただし以前から知っている者は、そうしなくてもよい。

ここまできて、やっとわかった。犬とは密偵、犬を付けるとは尾行させることだった。犬という言葉は盗賊が使う隠語だと思っていたが、名古屋の町に出した御法度、つまり藩の公文書に犬（密偵）が出てくるのは意外だった。

ほかに犬（密偵・スパイ）の用例を探してみた。

【犬に入れる】　探らせること。

江戸初期の仮名草子『是楽《ぜらく》物語』に「女房を犬に入れ、立ち聞きなど致さすれば」とある。

ある男の妾《めかけ》問題の口封じに、男から十両せびり取った亭主とその女房。ついでに男と妾の仲もさいてしまえと、女房が二人の逢瀬に聞き耳を立てる。これが「女房を犬に入れ」だ。

【犬が入る】　追手《おって》が来ること。

近松門左衛門の『冥途《めいど》の飛脚』。正徳《しょうとく》元年（一七一一年）、大坂竹本座初演。「おやじ様の話で段々（いきさつ）を聞いてきた。こなたのことで、この在所は大坂から犬が入り、代官殿から詮議ある剣《つるぎ》の中に昼日中《ひるひなか》」

生類憐みの令が廃止されて二年、やっと自由に犬のことも語れるようになった。大和国《やまとのくに》の大百姓の息子忠兵衛は公金に手をつけ、女郎梅川を身請けする。大坂から大和に逃げたが、すかさず犬（追手）がやって来た。

【犬となる】　密偵となること。

『仮名手本《かなでほん》忠臣蔵』寛延元年（一七四八年）初演、七段目「祇園一力《ぎおんいちりき》の場」。

渡辺崋山《かざん》画『一掃百態』（部分）
男がぶら下げた籠の中の売り物を町犬がのぞき込み、しきりと嗅いでいる。絵の上方には金魚屋がいる。崋山（三河・田原藩士）は写実力の図抜けた画家でもあった。江戸の町での実景を描いたものだろう。（田原市博物館蔵）

由良之助「我が君より高禄をいただき、莫大な御恩を蒙《こうむ》りながら、敵師直《もろなお》(吉良上野介《きらこうずけのすけ》)が犬となって、ある事ない事、ようも内通ひろいだな」

遊女となったお軽《かる》。夫勘平《かんぺい》は敵討ちにも加われず、手柄もなく自害して果てた。京の祇園で遊びほうける大星由良之助(大石内蔵助)。その様子を床下に隠れてうかがう腹黒の元家老・斧九太夫《おのくだゆう》。由良之助はお軽に刀を持たせ「これが夫勘平の手柄だ」と手を添えて畳に刺し通す。床下から血まみれの九太夫が引き出された。

犬は嗅ぎ回る。いかにも隠語の犬にふさわしい行動をとる。人のあとをどこまでもついて来る犬もたくさんいる。腹を空かせた犬は食べ物をくれそうな人をいつも探していた。武家屋敷や寺院では勝手に床下に入り込んでねぐらにする。

犬死、犬侍、犬畜生、幕府の犬に犬の糞。犬はいつもよくいわれない。外国映画でも敵対組織から送られて来たスパイのことを犬と呼んでいる。ダーティー・ハリーは無罪になったならず者を「ドッグ・シット(犬の糞)」とののしった。「犬」という言葉は世界中で虐げられている。人間はいつも犬を引き合いに出して、自分たちの世界のいたらなさを語り続けている。犬が何をしたというのか。

第五章

綱吉登場、増え続ける江戸の犬

1 生類憐み、発令される

●大八車の発明と生類憐みの志

江戸時代初期、江戸の町の犬の数はさほど多くはなかった。さほど、というのは感覚的な話で、実数はわからない。犬食い、御鷹餌犬《おたかえいぬ》の影響で犬の繁殖にブレーキがかかっていた。江戸の初めは人口も多くはなかった。人が集まり、食い物とねぐらが増えなければ、犬の数も増えない。

慶長十四年（一六〇九年）に江戸を訪れた元フィリピン臨時総督、ドン・ロドリゴによれば、当時の江戸の人口は十五万人。この数字は総人口のように思われる。

小宮山綏介《やすすけ》（元水戸藩士、幕末明治の漢学者）の「府内の人口」（『江戸旧事考』）の推定では、三代将軍家光時代の寛永年間で江戸の町民人口は約十四万八千人、四代将軍家綱時代の明暦年間で約二十八万五千人だった。これは町民の数で、武家、寺社、農民その他を合わせると、総人口はその倍くらいだったのではないか。

吉宗時代の享保年間の町民人口調査では実数五十万人を超え、武家、寺社関係その他を合わせ総人口は百万人を超えていたと考えていいだろう。それに比べれば、江戸初期の人口ははるかに少ない。

明暦の大火（一六五七年）で江戸の町は大被害を受け、約十万人の死者が出たが、幕府・大名は江戸の復興のために莫大な金をつぎ込み、おかげで町の景気はかえってよくなった。江戸は袋小路、行き止まりの町屋敷・長屋が多かったため、大火があると犬は逃げ道を失い、多くの命を失った。明暦の大火で焼死した犬は人とともに本所回向院に埋葬された。ただ犬のことだから、その数がわからない。

犬は人のいる所、食い物のある所に集まって来る。しかも繁殖力は旺盛、個体数が元に戻るのは速い。将軍家綱から五代将軍綱吉が登場するまでのこの時期、全国的に見ても都市での犬の増加が問題になり始めている。岡山では延宝七年（一六七九年）に「町方での犬飼いは先年と同じように禁止。犬が来たら町から追い払いなさい」、広島では天和《てんな》三年（一六八三年）に「町々の野犬、殺すべし」とお触れが出ている。江戸でも同じように犬が増え始めていたと思われる。

明暦の大火のあと江戸で大八車《だいはちぐるま》が発明され、大火後の灰塵《かいじん》、土砂、資材運搬に活躍した。*注5 大八車は江戸の陸上輸送に革命を起こした。

明暦の大火の二十三年後、延宝八年（一六八〇年）に徳川綱吉が将軍になった。その二年後の天和二年（一六八二年）、江戸の大八車の数は二千台に達している。

馬が運搬できる荷物は一頭につき四十貫（百五十キログラム）までの制限があり、

大八車（長谷川雪旦《せったん》画、『江戸名所図会』大伝馬町・部分、国立国会図書館蔵）

それに馬子《まご》が一人付いた。大八車は前の男が引き、後ろの男が押す。人数は二人から四人。輸送効率は馬の一・五倍以上だった。（参考論文・松村安一「江戸に於ける大八車」）

大八車の車輪には、自転車のスポークに相当する樫棒《かしぼう》が二十一本はめ込まれ、頑丈で、車輪幅が広く、重い荷物でも轍《わだち》ができにくかった。それまでの荷車は京都では地車、大坂ではべか車と呼ばれ、車輪は板で作られていた。車輪幅が狭く、橋板を損傷するので通行できない橋もあった。

ところが大八車にはブレーキがなかった。荷物をたくさん積むとすぐには止まれず、坂道では後ずさりすることもあった。江戸の道路には犬がごろごろしていた。実際に寝ているのもいれば、体力を温存してあたりの様子をうかがっているのもいる。犬に

注5　大八車の名の由来は諸説ある。①八人分の仕事をするので代八車②起源が滋賀・大津八町にあるので大八車③貴人が使った大八葉《だいはちよう》（丸を八つの丸で取り囲んだ紋様）の車から付けられた④大八という人物が作った。文政十一年（一八二八年）の江戸町奉行所調査に、芝車町《くるまちょう》の名主、四郎右衛門は「明暦の大火の後、普請が多かったので、当町牛車大工、八左衛門と申す者が工夫つかまつり、人力にても引く荷車をはじめて造り出し、大工八左衛門の仕事なので、大八車と呼び、それから各地に広まったと申し伝えております」（『町方書上』）と答えた。説明は具体的で信頼できる。この説が正しいだろう。

とって道路はわが家だったが、大八車が増えたせいで異変が起きた。大八車にひかれ死亡する事故が相次いだのである。

犬の交通事故防止の町触れが出たのは、貞享《じょうきょう》三年（一六八六年）七月十四日だった。「事故が多い。犬を死なせた者は今後は処罰される。事故防止のため大八車には先導を付けなさい」というのだ。

一　町中所々で大八車ならびに牛車で犬などをひき損じている。粗末な致し方で不届きである。これにより車引きはだんだんとお仕置きを仰せ付けられる（処罰されることになる）。今より以後はそのようなことがないように宰《さい》領《りょう》（先導）でも付け、車をひきかけないようにしなさい。もちろんその所の者、ならびに辻番人はずいぶんと念を入れて心を付け、あやまちを致さないようにしなさい。

これが町触れの第一項目め。二項目めで「生類憐《しょうるいあわれ》みの志」が出てくる。

一　最前も委細申し渡しているが、今もって主なし犬が来ても食事を食べさせず、または犬そのほかの生類とりやり致すことも、今はしないように聞いている。生類あわれむようにと仰せ出《いだ》された趣旨を心得違いしているように見える。何事につけても生類あわれみの志を肝要にして、諸事かたづまらざるように（融通がきかなくならないように）心得なさい。

文中の「生類とりやり」の意味はわかりにくいが、どこからか来た犬をいったん引き取り、そのあと養い手を探してどこかにやることを指しているようだ。

綱吉はこれ以前にも生類憐み的政策を実行しているが、町触れで庶民に「生類憐みの志」を強要したのはこれが最初だ。「万民への理念の強要」「厳罰主義」という生類憐みの令の特質がよく表れている。生類憐みの令の始まりの時期については古くから諸説あるが、綱吉の側からではなく、悪法を強要された庶民の側から見れば、この時が始まりといえるだろう。ただし、この段階では江戸限定の法律で、全国規模の法となるのは貞享四年（一六八七年）の「捨て牛馬の禁令」以降だ。

●犬と猫の交通事故記録

大八車による犬の死傷事故の処罰例は幕府判例集『御仕置裁許帳《おしおきさいきょちょう》』に載っている。町触れが出て、一カ月半後に最初の「御仕置」があり、貞享年間に十五件、元禄年間に三件の犬の交通死亡事故が記録されている。江戸の町の犬がずいぶん増えていたことがわかる。ただし、裁許帳に記載されているのは判例であって、全記録ではない。主な事例を載せておく。

◯貞享三年（一六八六年）九月五日の昼ごろ、芝車町四丁目（港区高輪《たかなわ》）、半兵衛の使用人、長蔵は船町《ふなちょう》（本船町《ほんふなちょう》、中央区日本橋室町・本町）で大八車に米を積み、青山へ向かう途中、道の中ほどに臥《ふ》せていた犬をひき殺した。「不届きである」と長蔵は牢舎《ろうしゃ》（牢屋入り）となり、八日後の十三日、赦免《しゃめん》された。

（長蔵は一人で大八車を引いていた。大八車を発明した車町の車引きに限って、宰領を付けずに一人引きでもよろしいという特例があった）

◯貞享四年四月二十八日、芝田町《たまち》四丁目（港区）で米十四俵を積んだ大八車が「主なし子犬」をひき殺した。引き押ししていた三人は牢に入れられ、一人は六月二十日に牢屋内で病死、二人は二十四日に赦免となった。

◯同年五月十九日、本銀町《ほんしろがねちょう》三丁目（中央区日本橋）で大八車に積んだ材木が荷崩れした。引き押ししていた三人が材木を積み直し中に誤って材木を落とし、同じ町内の勘左衛門が飼っていた犬の子にあたり、犬は死亡。三人は牢舎。六月二十四日赦免になった。

（積み直し中の事故だから、この犬は道路で寝ていたのではないだろう。犬の方から近寄って来て事故にあったようだ）

○同年九月二十三日、銭を積んだ引き押し二人の大八車が葺手町《ふきでちょう》（港区虎ノ門）で「主なし子犬」をひき殺した。人ごみで犬を発見できなかった。二人は牢舎、翌日赦免。
○同年十二月二十五日、呉服町新道《しんみち》（中央区八重洲）の長兵衛は雇い主に木薬《きぐすり》を運ぶよう指示された。荷が軽いので長兵衛が一人で大八車を引き、宰領に伝左衛門を付けた。とても寒い日で楫棒《かじぼう》を持つ長兵衛の手はこごえ、転んだ拍子に車が脇にそれ、道路端にいた犬をひき殺した。
（事故がないように車を先導し、通行人に車が通ることを知らせ、犬が寝ていれば避けるか、追い払うかするのが宰領の仕事である。伝左衛門は車に付き添わず、役目をなまけていたことがわかり、牢屋へ入れられ、四日後に赦免された。車を引いていた長兵衛はやむを得ない過失であるとして、手鎖《てぐさり》の上、家主お預けとなった）
○貞享五年一月十八日、本多中務大輔《なかつかさのたいふ》（姫路藩主）の扶持米《ふちまい》を運んでいた大八車が須田町二丁目（千代田区神田）で大名衆に出会ったため車を脇に寄せたところ、子犬が車の下に走り込み、ひき殺してしまった。偶然の事故ではあるが、二人牢舎、二月八日赦免。
○同年二月三日、内藤能登守（磐城平藩《いわきたいら》）の下屋敷から薪を運んでいた大八車が桜田善右衛門町（港区西新橋）で子犬をひいた。宰領が注意をしていたが、どこからか子犬が駈け込んで来た。犬の悲鳴で事故に気づき、介抱するも死亡。四人牢舎、八日後赦免。

◯同年、月日不明。京橋（中央区）で、空の大八車に「町内の主なし犬」が激しく吠えかかり、車にひかれ死亡。二人牢舎。不意のことにつき五月二十九日、赦免。

◯同年七月一日、酒六樽を積んだ大八車が呉服町一丁目（中央区八重洲）を通りかかったところ、犬が四、五匹喧嘩をしていた。一匹が車の下に逃げ込んで来たので、犬を脇へのけて車を動かしたが、もう一匹入り込んだことに気がつかず、ひき殺した。三人揚屋入り。不意のことにつき五日後に牢から出し、手鎖の上、家主に預ける。

九月三十日、年号が貞享から元禄に替わった。

◯元禄二年六月七日、松平薩摩守（島津・薩摩藩）の家来、大迫市之助の中間《ちゅうげん》伝内が牢領となり、同じ屋敷の中間四人が大八車を引いて移動中、芝西応寺町《さいおうじちょう》（港区）で女犬をひき殺した。犬が喧嘩をして車の下に駈け込んで来たが、急いでいたので車を止めずに通り過ぎてしまった。五人は牢舎。同二十五日、江戸十里四方追放となる。

◯同七月二十四日、黒田伊勢守（直方藩《のおがた》）の屋敷替えで荷物を運んでいた大八車が秋元但馬守《たじまのかみ》の屋敷前で犬をひき殺した。五人は揚屋入り後、江戸十里四方と東海道などから追放。

◯元禄三年八月十五日、室町三丁目（中央区日本橋）の河岸《かし》から屋根板、竹を積んだ大八車が出発して間もなく伊勢町（日本橋本町）で犬の悲鳴を聞いた。調べると犬がひかれていた。目撃者によると犬が土蔵の間から飛び出し、車の下に入り込んだという。犬を見ていない引き手二人は不問。宰領は不注意であるとして牢舎。九月八日赦免。『御仕置裁許帳』に一件だけ猫の交通事故死の例が載っているので、これも載せておこう。

○元禄三年八月二日、新材木町（日本橋堀留町《ほりどめちょう》）で材木を買った難波町《なにわちょう》（日本橋富沢町・人形町）武兵衛店《だな》の大工・次郎兵衛は大八車を借り、車引二人と車を引いて住吉町（日本橋人形町）まで来たところ、犬が道にいたのでいったん脇によけた。この時、材木がずり落ち、驚いた住吉町・佐右衛門の飼い猫が飛び出してきて車にひかれた。不意のことであるから車引二人は赦免。大工・次郎兵衛はお触れに従わず、宰領を付けなかったため牢舎。家主、五人組から奉行所に赦免の訴えがあり、五日後、釈放された。

●浅草寺の大量犬殺し事件

大八車の町触れが出される一年前、貞享二年（一六八五年）七月十四日に次のような町触れが出ている。

先日申し渡した通り、御成《おな》り遊ばされる御通り筋へ犬猫を出しても苦しからず。

どこへ御成りの時も犬猫をつなぐことは無用である。（『正宝事録《しょうほうじろく》』『撰要永久録《せんようえいきゅうろく》』）

将軍が出かける通り筋に犬猫が出ていてもかまわない、というのだ。この町触れが最初の生類憐みの令だとする歴史家、研究者が多数いる。この説の初出は小宮山綏介《やすすけ》の『徳川太平記』だろう。しかし、この説が正しいのか、大いに疑問がある。

この町触れに生類憐み的思考はうかがえるが、罰則がない。犬猫はつないでも、つながなくてもどちらでもかまわないのである。生類憐みの理念の強要もない。お触れを聞いた町民もだれ一人、これが生類憐みの令だとは考えていなかっただろう。それを生類憐みの令の始まりだとすることには無理がある。前兆の一つと考えるべきだろう。

この町触れを出す直接のきっかけとなったのは、浅草観音（浅草寺）で起きた大量犬殺し事件だったと思われる。「犬猫苦しからず」の町触れから九日後の七月二十三日、浅草観音別当《べっとう》・知楽院忠運《ちゅううん》が閉門処分を受けている。忠運は歴代徳川将軍を祀《まつ》る江戸城紅葉山《もみじやま》での法事の責任者だったが、八月六日にその職も奪われた。

浅草観音別当知楽院忠運、日光門主に対し本末《ほんまつ》の訴論をなし、ならびに門番の犬を殺したる事ども、釈徒《しゃくと》（僧侶）の法にそむけばとて、紅葉山の職、ならびに観音の別当職、ともに奪わる。（『徳川実紀』）

天皇家出身の日光門主（東叡山寛永寺貫首を兼務）に議論を吹きかけたこと、動物の殺生を禁じる寺の門番が犬を殺したこと、この二点が罪に問われた。

戸田茂睡《もすい》『御当代記』によると、綱吉が隅田川に御成りになると沙汰《さた》があった時、御成り道に出て来た犬がお供の人に咬みついたりしてはいけないと、知楽院（浅草観音）の寺領代官が門前町に住みついていた犬を捕えさせ、俵に詰めて隅田川に沈めたという。代官と手代は遠島になった。

浅草観音の門前町一帯は浅草寺の所領だ。ここに住みついて、人から餌をもらって生活している町犬がたくさんいた。幕府記録『御府内寺社備考』には「犬数十匹、俵の数で六十ばかり浅草川（隅田川）に流し死なせた」とある。寺は殺生禁断の場所だから、境内では犬を殺さず、生きたまま俵に入れて川に流したのだろう。そのことを知った綱吉の怒りは激しかったに違いない。忠運は「仏の道に反した行為」の責任を問われて職を剝奪《はくだつ》された。生類憐みの令に反したからではなかった。

●生類憐み時代のカラスの糞と犬の糞

江戸で犬の糞が最も多かった時期は元禄時代の前半だったと思われる。将軍綱吉の生類憐みの令のおかげで、町犬の数が多かったからだ。

宝井其角《たからいきかく》は寛文元年（一六六一年）江戸に生まれ、十四、五歳のころ、松尾芭蕉の門に入り、元禄期を代表する俳人となった。宝永四年（一七〇七年）、四十七歳で死去した。生類憐みの時代に俳人生活の大半を過ごしたことになる。

元禄四年（一六九一年）閏八月二十五日付で、其角が出した智海宛《ちかい》の手紙に、綱吉が江戸城紅葉山でカラスに糞をかけられた話が書いてある。

名月や畳の上に松の影

一、江戸城紅葉山のカラスども「徳」に飽きて、公方様《くぼう》が参詣した時、裃《かみしも》に糞をかけた。この罪でカラス三千羽余、八丈島に流された。みんな羽を切って流された。天皇の猫に襲いかかり犬島《いぬじま》に追いやられた清少納言『枕草子』の犬（翁丸《おきなまろ》）のようで滑稽。今月十一日のことです。

【原文】紅葉山の烏《からす》ども徳に飽候《あきそうらい》て、公方様御成之節、御上下《かみしも》に屎《くそ》しかけ申候。此咎《このとが》によりて、烏三千羽余八丈嶋へ流サレ申候。皆羽ヲ切ツてながされ候。清少納言の犬嶋の例もと、をかし。当月十一日の事ニ候。（飯田正一『蕉門俳人書簡集』)

「徳に飽き」の「徳」は当然「徳川」を掛けているから、かなりきわどい表現だ。智海がどういう人物かは不明だが、元禄二年に江戸に来て、其角門人の三回忌の墓参りをしている。その後また江戸に出て来た時の礼状である。

紅葉山には歴代徳川将軍の霊廟《れいびょう》がある。鬱蒼《うっそう》として、人の出入りもほとんどない紅葉山のような場所はカラスの格好の棲《す》みかになる。糞をかけられてもおかしくない。

文政五年(一八二二年)、隠居した元平戸藩主・松浦静山《まつらせいざん》は『甲子夜話《かっしやわ》』の中で「御城内の紅葉山は烏の宿所になっている」と書き記している。のちの十三代将軍家定《いえさだ》が誕生した翌年(文政八年)、若君のいる西の丸・大奥から要望が出た。「紅葉山の烏威《おど》しの鉄砲、西の丸の大奥へ聞こえ、やめるわけにいかぬなら、音を小さくしてほしい」(『内安録』)。江戸城では紅葉山からカラスを追い払うため空鉄砲まで撃っていた。それほどカラスが多かった。

其角の書簡はカラスの糞から犬の糞の話に移る。智海に「また江戸に来てください」というお誘いの文面に、其角らしい機知と皮肉が込められている。

近年また御牽杖《つえをおひき》候て(お出かけなされて)、江戸のさわがしき犬の屎《くそ》ども、御ふみなさるべく候。

実際にこのころは犬の糞が多かったのだろう。綱吉がこの手紙を読んだら、カッとなって手鎖の刑くらいにはしたかもしれない。綱吉は自分への批判を許さない。むきになる。

元禄六年（一六九三年）に江戸で「馬が物を言った。疫病が流行るそうだ」と噂が流れた。流言飛語の発生源を調べるために町奉行所が供述書を取った江戸町民の数は「三十五万三千五百八十八人」（『撰要永久録御触留』）。空前絶後の大捜査だった。なぜこの流言飛語が問題になるのか。綱吉は「馬」に対する思い入れが人一倍強い。将軍になる前の綱吉の名前は松平右馬頭《うまのかみ》綱吉だった。「馬」は綱吉を指す隠語としても使われていたようだ。この大捜査で浪人者が捕まり、翌年処刑された。

其角の手紙は俳句関係者が秘匿《ひとく》し、その存在が明らかになったのは明治になってからだ。御政道批判は一切許されず、そのことが明るみに出れば命さえ失いかねない時代だった。

2 中野犬小屋時代

●町から犬が消えた。「残り犬百五十一疋」

綱吉政権は「見かけない犬でも、犬が来たら食事を与え、大切に養いなさい」と江戸町民にお触れを出している。大切にされれば、次々と子が生まれ、際限なく犬が増えていく。飼い主のいない犬は、各町内の責任で養うことになっていた。その費用は全部町民の負担だった。

犬が体調を崩せば、すぐに犬医者を呼ばなければいけない。犬医者には幕府御典医《ごてんい》並みの格式が与えられ、往診を頼むと仰々《ぎょうぎょう》しく弟子たちを連れてやって来た。

米問屋が並ぶ伊勢町（日本橋本町）の店先に明け方、見知らぬ犬が二匹いた。早速役人に届けると、御詮議《せんぎ》があり、犬は病気のようなので犬医者を呼ぶように指示された。その時の費用は犬医者伝助に二両、弟子に二分、小者四人に合わせて一両、ほかに検見代《けみだい》（診察料）が二分。全部で四両もかかった。（『伊勢町元享間記《げんきょうかんき》』）

増えすぎると、腹いせに犬を傷付けたり、殺したりする者が出てくる。綱吉政権は犬が傷付けられることを理由にして、四谷・大久保、中野に犬の収容施設（犬小屋）を作った。それが理由の一つであるとしても、幕閣の一番の狙いは犬の増加防止にあったのではないか。

四谷犬小屋には元禄八年（一六九五年）五月から町犬の収容が始まったが、おそらくこのころが江戸の犬が最も多かった時期だろう。

同じ年の十月、中野犬小屋が完成した。時期は不明だが、四谷、大久保の犬小屋は廃止され、最終的に江戸の犬はすべて中野に集められた。『徳川実紀』には「不日《ふじつ》に（たちまち）十万頭に及ぶ」、『政隣記《せいりんき》』（加賀藩史料）には「おおよその犬の数八万二千余疋」と記されている。

犬小屋は野良犬、野犬の保護収容施設だと書いたものが多数あるが、これは正しくない。人になれていない野良犬、野犬は捕獲することも難しく、「たちまち十万頭」もの犬を運ぶことができない。

収容された犬のほとんどは町犬だった。長屋、横町、通りの片隅、お寺などに住み着いて、そこにいる人、出入りする人から餌をもらって暮らしている。この犬の飼い主はだれかと聞けば、具体的な飼い主はいない。今風にいえば地域犬。これが江戸では最も普通の犬の生活スタイルだった。飼い犬もいるが、放し飼いだから町犬と区別がつかない。町犬の中の選ばれたものが飼い犬になる。町犬は人になれているから、犬を中野に運ぶのは、そう難しくはなかった。

江戸町内から中野犬小屋への犬の移動は、元禄八年十一月から始まった。それ以前に各町内は送り込む犬の数を幕府役人に報告し、移動（運搬）方法などの指示を受けた。犬は男犬、女犬に分け、町民手製の犬駕籠《かご》に「御犬様《おいぬ》」を乗せ、中野犬小屋まで運んだ。各町内は御用犬と書いた幟《のぼり》を立て、名主ほか町内の責任者が犬駕籠に付き添った。まるでお祭り騒ぎ。四谷付近から中野まではすれ違えないほどの大混雑となったという。

幕府は江戸の地主、家主などから間口一間《いっけん》につき年に金三分の「御犬上げ金」を徴収し、犬小屋の経費にあてた。柳沢吉保《よしやす》『楽只堂《らくしどう》年録』によると、中野犬小屋ができて次の年（元禄九年）には約三万六百二十両が幕府に納められた。しかし金三分は高すぎると不満が出て、翌年から金一分に減額されたが、それでも幕府には一万二百両を超える収入があった。幕府の論理では江戸の町民が犬をきちんと保護しないから犬小屋を作ったのであり、犬小屋に納められた犬の餌代を町民が負担するのは当然だった。

金を支払うのは地主、家持ち層で、長屋など借間暮らしの庶民が直接負担することはなかったが、長い目で見れば家賃にはねかえることになる。綱吉の身勝手な政策で犬が増えたのに、その責任を取るどころか、尻拭いを町民に押し付ける。たまったものではない。しかし、間口一間につき金一分払っても、犬役人から難題を持ち込まれるよりはまだましだった。犬は次々と犬小屋に送り込まれ、おかげで江戸の町から犬も、犬の糞もほとんど消えてしまった。

江戸町触れの記録集『正宝事録』には元禄九年（一六九六年）六月時点で、「（町方の）残り犬百五十一疋」と記されている。「残り犬」とは文字通り犬小屋に納めることができず残ってしまった犬のことだ。嫌がって犬駕籠に乗らず町内に残されてしまった犬、出産したばかりの母犬と子犬も残り犬になった。相手は御犬様だから、無理して駕籠に乗せ、途中でけがをさせたり、逃がしたりしたらまた騒ぎになる。残り犬も町民が面倒を見て、ならしたあとで中野犬小屋に送られた。

元禄時代後半から次の宝永年間にかけて、「伊勢屋稲荷に犬の糞」と江戸の町は無縁だった。

●犬小屋の犬を百姓に預ける

宝永六年（一七〇九年）一月十日、綱吉が死去した。六十四歳だった。病の床にあった綱吉は「生類憐みは続けてほしい」と跡継ぎの綱豊《つなとよ》（六代将軍家宣《いえのぶ》）に遺言した。新井白石『折たく柴の記』は次のように書いている。

「ある人が言うには、いつのころか綱豊公が参られた時に、（綱吉公は）近習の者を召されて、生類いたわりしことども、たとえ筋なきこと（道理に合わないこと）であっても、このことに限っては百歳の後も、私が世にいた時のようにすることが私への孝行であると仰せられた」

家宣としては遺言は守らねばならないが、生類憐みの令を続けるわけにはいかない。そこで柳沢吉保を呼んで、自分の思うところを伝えた。

「このことによって罪をこうむる者、何十万人とその数は知れない。この禁を除かなくては天下の憂苦がやむことはない。しかし（綱吉公が）そこまで仰せられたことを私の時代に除くこともできない。どのような形でもいいから御遺誡《ごいかい》のようにしなければいけない」

葬儀前々日の二十日、老中から三奉行（町奉行、寺社奉行、勘定奉行）と大目付《おおめつけ》に幕府の新方針が示された。以下はその骨子。

一、生類憐みの儀は先代の思し召しの通り、断絶しないようにとの（家宣公の）思し召しである。しかしながら下々の迷惑になることもあり、今後は念を入れ下々が困窮しないようにし、間違って罪人を作ってはいけない。下々に難儀が及ばないように奉行が相談することが大事である。

一、（家宣公は）町中困窮しているように聞こし召され、犬そのほかの生類の入用《にゅうよう》金《きん》（上げ金）はやめる。

一、中野囲もやめる。犬どもを相談して片付け、下々がおだやかになるようにとの思し召しである。

幕府の新方針を受けて、町奉行は次のお触れを出した。

生類の儀、今後は（幕府から）お構いはない。もっとも憐れむことは憐れみなさい。

【原文】生類之儀、向後《こうご》御構無之《これなく》候、尤《もっとも》あわれみ候儀ハあわれみ可申《もうすべく》候

幕府官僚による一種の名文である。こうして新将軍は養父綱吉の遺言を守った。葬儀が終わり、中野犬小屋に積もっていた雪も解け始めた。

犬どもがちからおとして消える雪　中野百姓（『落書類聚《らくしょるいじゅ》』）

中野犬小屋の犬たちは、その後どうしたのだろうか。元水戸藩士・小宮山綏介の『徳川太平記』には「犬は一頭に二百文ずつ加えて望みの者に下されたが、たいていはその場で打ち殺された」と書かれている。出典は不明だが、小宮山は裏付けとなる史料をもとに、そう書いたのだと思う。

私の推測だが、中野犬小屋にはそれほど多くの犬は残っていなかった。江戸時代の

犬の寿命は十年といわれていた。犬小屋では男犬と女犬を分けていたから、子をはらんで持ち込まれた犬以外は出産しない。かりに中野犬小屋が完成した元禄八年（一六九五年）に十万匹の犬が収容されていたとしても、寿命十年なら、計算上は十年後の宝永二年（一七〇五年）にはゼロ匹となる。実際にはその後も犬が持ち込まれ、十年以上生きた犬もいたはずだから、ゼロにはならないが、犬の数は激減していたはずだ。

農政家・田中丘隅がのちの吉宗政権に提出した『民間省要』には、中野犬小屋の「病犬死犬の数はおびただしかった」と記されている。白米食と運動不足が原因だったと田中はいう。白米ばかり食べていると、犬も脚気になる。ただ当時は脚気という病気を知らなかった。

綱吉政権は元禄十二年（一六九九年）に中野犬小屋の犬を減らす新たな犬政策を実行している。幕府が養育金を支払って犬小屋の「御犬」を近郊の百姓に預けることにしたのだ。一匹につき年に金二分の養育金が幕府から支払われた。

年に金二分という金額は、百姓も納得できるものだったに違いない。かつて幕府が御鷹の餌にするため百姓から犬を徴発していた時、犬一匹の代わりに幕府が百姓に納めさせた金額がほぼ金二分だった。百姓に異論が出るはずがなかった。手軽な現金収入の道として、養育希望者が続出した。病犬、老犬、子犬、凶暴な犬などを除き、中野犬小屋の多くの犬が近郊の百姓の養い犬になったと思われる。

大田南畝《なんぽ》が書き写した幕府代官史料「中野養育金之義」によると、宝永三年（一七〇六年）から五年までの三年間に幕府が近郊の百姓に支払った養育金は三万五千四百三十両。犬の数にすると年に二万三千六百二十匹分になる。

生類憐みの令の廃止後、幕府は百姓に前払いしていた養育金を日割り計算で返還するよう命じた。養育されていた犬たちがその後どうなったのかは、わからない。百姓は幕府との約束で、中野犬小屋のように、犬に白米をやらなくてもいいことになっていたので、大半は残飯を与えられて余生を過ごしたのではないだろうか。

第六章

「犬は遠くへ捨てなさい」

1　吉宗の鷹狩り復活

●鷹場復活、「犬猫はつなぎなさい」

五代将軍綱吉時代の後半、最も厳しい犬の保護政策がとられた江戸の町には、意外なほど犬がいなかったはずだ。江戸の犬は中野犬小屋に送られ、オスとメスを分けて飼育された。犬小屋では犬の高齢化が進み、次第に数が減っていく。その上さらに、養育金を払って二万匹以上の犬が江戸近郊の農家に飼われていた。一匹につき年に金二分支払われた養育金は、江戸の町人が間口一間につき金一分ずつ負担した「御犬上げ金」で実質上賄《まかな》われている。幕府の腹は痛まない。

江戸を取り囲む百姓地は、ほとんどが幕府大名の鷹場だったから、綱吉の登場以前は犬を飼うことにさまざまな規制があった。ところが、生類憐みの令のおかげで、かつての鷹場の村でも犬が増えていたはずだ。養育金を受け取った村々は、すべて鷹場の村である。

綱吉の跡を継いだ六代将軍家宣《いえのぶ》の治世は約四年、七代将軍家継《いえつぐ》は約三年半。鷹場政策、犬対策に特筆すべき進展は見られない。かつての鷹場の管理はおろそかになり、野鳥類の密猟が増えていたようだ。

ここで登場したのが八代将軍吉宗である。将軍家を継いで三カ月後の享保《きょうほう》元年（一七一六年）八月、吉宗は綱吉時代に廃止された鷹場を復活させ、江戸から十里までを元の通りの御留場《おとめば》（将軍家、御三家などの鷹場）とした。これが吉宗の政治改革の第一弾だった。

家康の祖法の復活を目指す吉宗からすれば、鷹狩りに明け暮れた家康にならって再び鷹狩りを始めるのは当然のことだったかもしれない。ただ鷹場といっても特別な所ではない。百姓が作物を作っている田畑、その周辺の野山、町人地の一部が含まれる。鷹狩りそのものは百姓にとって迷惑でしかなかった。

綱吉の死後、江戸の町には再び犬が増え始めていた。

享保二年（一七一七年）五月十一日が吉宗最初の狩りの日と決まった。その三日前、「御成《おな》りの時は、御道筋、隣町の犬猫をつないでおきなさい」と町触れが出た。綱吉の時のお触れ「御成り道に犬猫を出しても苦しからず」が取り消されたことになる。さらに二日後、「町方の犬どもを御拳場《おこぶしば》（江戸から五里以内の将軍家鷹場）に捨てる者がいると聞く。不届きである。もしそのような者がいれば処罰する。町々の犬猫はそこにつないでおくように、町中に知らせなさい」と追加の町触れが出た。

十一日、吉宗は将軍になって初めての鷹狩りに出た。両国橋から船に乗り、竪川《たてかわ》経由で亀戸《かめいど》天神に行き、休憩。再び船に乗り、船の上から鉄砲で鵜《う》を撃った。それから隅田川の土手に上がり、勢子《せこ》（徒組《かちぐみ》百四人）を指揮して葭沼《よしぬま》の鷭《ばん》を狩り出した。さらに漁師の網打ちを見物し、帰りの船では船頭の舟唄を聴いた。顔を見ることさえ畏《おそ》れ多い公方《くぼう》様が直接舟唄を聴く。それまででは考えられないことだった。

二十六日には砂村《すなむら》（江東区）で雲雀《ひばり》を多数狩り、海辺に出て地引網を見物した。この日、町奉行から新たなお触れが出た。それまでは御成りの前に道路を清掃させていたが、「常のごとく」でよいとし、民家の壁、垣根なども「修補するに及ばず」、見苦しい小屋なども片付けなくてよいことになった。

犬猫については「田舎ではつなぎ置き、狩りの妨げをしてはいけない。手が及ばなければ（つながず）そのままでよい。遠いところに持っていく必要もない。犬猫が紛れ出て来ても、そのままとする（罰せられない）」ことになった。

できるだけ庶民の負担を減らそうという配慮はうかがえるが、これも最初のうちだけで、鷹場での規制は次第に厳しくなっていく。

犬猫がいると鷹場の鳥が警戒して猟がしにくい。犬は見かけない人物が来れば騒ぎ立てるし、猫はいつでも腹を空かせている。鷹狩り中の鷹も野鳥も犬猫に狙われる。

享保四年（一七一九年）二月「御拳場では地犬《じいぬ》をつなぎなさい」と規制が強化された。地犬とはその土地に居ついている犬のことで、里犬と意味はほぼ同じだ。

享保五年（一七二〇年）二月には「鷹狩御成り筋の御場《ごば》（御拳場）の野犬《のいぬ》は捕まえて

御代官へ引き渡しなさい。飼犬は御場に出ないように常々つないでおきなさい。または、いづ方になるとも（どこへでも）勝手次第にやってしまいなさい」とお触れがあった。

ここでいう野犬は、飼い主はいないが、村に住み着いて養われている村犬（里犬）と文字通りの野犬《やけん》の両方を指していると思われる。しかし、野犬《やけん》は簡単に捕まらないから、代官へ引き渡すことができるのは事実上、村犬に限られる。ところが、現実問題としては代官所に犬が連れられてきても、その処置に困る。そこで、代官所は御触書きにもう一項目御触れを付け足して百姓に伝えた。

「右の儀、無主の犬を捕まえても必ず我ら方に注進するには及ばない。遠方などにやり、元の所へ戻らないようにすればよい。油断して御成りの時に犬が出てくれば、その村の名主、組頭、百姓まで念を入れなかったことになるので、右の通り必ず守りなさい」（下丸子《しもまるこ》村・大田区『平川家文書』）

「遠方などにやる」とは実際には捨てることを意味している。遠くまで出かけて犬の引き取り手を探すような百姓はいない。

四月には捕まえた野犬を収容する「犬溜場《いぬためば》」が今里村《いまざと》（港区白金《しろかね》）にできた。吉宗時代から約百年後の幕府調査史料『町方書上《まちかたかきあげ》』白金村の記述の中に、今里村の犬溜場のことが出ている。

「いつのことかわからないが、御鷹野の御成りの時、犬が多いので松平讃岐守下屋敷《さぬきのかみしも》近くの長者ケ丸という所に大きな穴を掘り、近村の犬を追い込んで置いた。そこでここを犬小屋跡と呼んでいる」

大きな穴を掘って、犬を閉じ込め、殺さないでそのまま生かし、餌もやっていたのだろう。穴の横に、犬を監視、管理する小屋があったようだ。

『平川家文書』によると、犬溜場は豊島郡下練馬《しもねりま》村、中野領中荒井《なかあらい》村にも作られた。犬はただ捨てれば問題を起こす。犬の収容施設を作り、犬の処置について百姓の負担を減らしたという意味では、吉宗政権はきちんと気配りしていたといえるが、それもこれも、元はといえば吉宗が鷹場を復活させたことから始まっている。

鷹場の村々には狩りがしやすくなるように、稲刈り後の田んぼの水抜き、案山子《かかし》の撤去、道路、あぜ道、橋の修復、邪魔な小屋の取り壊しその他、さまざまな注文がついた。八月から三月までの狩りの季節、鷹匠が来る村では鷹番を二人置いた。鷹匠が何人も来ると、その人数分だけ鷹番を差し出した。当然、農作業にも支障が出る。

「おおよそ御鷹匠の宿ほど悲しきものはなし」

農政家・田中丘隅『民間省要』（享保五年）にはこう書かれている。

「鷹匠、餌差は村の有力者の家に宿をとる。料理は常識外れの一汁《じゅう》五菜。しかも酒付

餌差。竿の先に鳥もちを付けて、小鳥を捕まえる。
『風俗画報』第13号（明治23年2月）

き、飲み放題。宿代は多く払っても三十五文。焼き魚の一品代程度しか払わない。接待の仕方が悪いと、腹を立てて人を殴り、宿の名主を足蹴《あしげ》にし、刀を持って追い回す」

人足《にんそく》として狩りに出された村人は並んで沼地に入れられ、鳥の追い立てに使われた。邪魔な植木があれば、それも切り倒された。このような数限りない無理難題が百姓に降りかかった。

幕府もトラブル防止の手を打った。丘隅の意見が鷹場政策に反映されているようだ。享保六年（一七二一年）七月、それぞれの村が幕府鷹匠に二人つけていた鷹番を廃止した。その代わりに村の責任で、鷹場を荒らす不審な者を取り締まるよう命じ、もし取り締まりが不十分ならば鷹番を申し付けることにした。

同じ月、村から出る人足に扶持米《ふちまい》を出すことになった。五里以内は一人五合、五里を超えると一升と定められた。

享保七年（一七二二年）十一月、幕府は問題の多かった公儀の餌差を廃止し、餌鳥《えとり》集めを八人の業者に請け負わせた。請負業者は殺生人《せっしょうにん》と呼ばれた捕獲人を使って鷹の餌鳥を集め、最も捕獲数の多いスズメの場合、三百八十羽につき一両を幕府が支払った。しかし実際には、このあとも鷹匠や餌鳥殺生人によるトラブルは絶えなかった。

●増える無犬村

江戸から五里までの範囲が将軍家の鷹場で、鳥見役の支配下に置かれた。その外側五里までが水戸、紀州、尾張の御三家、加賀藩などの鷹場にあてられた。さらに御三家の鷹場と接するようにして幕府鷹匠頭が支配する捉飼場《とらえかいば(とりかいば)》が設けられ、将軍のために野鳥を保護、捉え飼いし、鷹匠はここで実際に鷹狩りをした。

江戸近郊の農村はほぼ全域が鷹場になっていた。百姓は領主に米など諸税を納める一方で、鷹場を通じて将軍家や大名からも支配されていた。

享保二年（一七一七年）七月、現在の埼玉県内に鷹場を持っていた紀州家は鷹場と鷹場への道筋にお触れを出した。

「犬猫は出してはいけない。つないでおきなさい。犬猫を出させないため殺したり、非道なやり方をしたりしてはいけない」（『会田《あいだ》落穂集』）

百姓の家は頑丈な塀に囲まれているわけではないから、犬猫を外に出さないようにつなぎ止めるのは至難の業だった。犬は荒縄くらいは咬み切ってしまう。鷹場の村々では犬を飼うことが次第に難しくなり、里犬も飼い犬も姿を消していった。

享保十年（一七二五年）四月、紀州家鷹場の村々で飼い犬調査が行われた。鳥見役・会田家支配の村々では、飼い犬は七つの村で合計十四匹、十八の村でゼロだった。

飼犬覚

一白黒ぶち　越巻《こしまき》（腰巻村、越谷市）　金兵衛
一虎毛　同　名主　郷左衛門
一白黒ぶち　大間野《おおまの》（越谷市）　武左衛門
一白赤ぶち　同　名主　弥兵衛
一赤毛　同　名主　儀右衛門
一黒毛　登戸《のぼりと》（越谷市）　報土院
一赤毛　七左衛門《しちざえもん》（越谷市）　観照院
一黒毛　同　九郎左衛門
一赤毛　同　門平
一白毛　中野田《なかのだ》（さいたま市）　覚左衛門
一赤毛　同　利左衛門
一はや毛　辻《つじ》（さいたま市）名主　喜四郎
一黒毛ぶち　染谷《そめや》（さいたま市）名主　善右衛門
一同毛　同　長兵衛

無飼犬村

一久左衛門新田《きゅうざえもんしんでん》、藤兵衛新田《とうべえしんでん》、戸塚村《とづか》（川口市）、蒲生村《がもう》、瓦曾根村《かわらそね》、四丁野村《しちょうの》、

谷中《やなか》村（越谷市）、北原《きたはら》村、間宮《まみや》村、下野田《しものだ》村、玄番新田《げんばしんでん》、高畑《たかばたけ》村、代山《だいやま》村、寺山《てらやま》村、上野田《かみのだ》村、片柳《かたやなぎ》村、大崎《おおさき》村、大門町《だいもんまち》（さいたま市）

寺山村の「飼犬証文」には飼い犬がいないだけでなく、「野犬《のいぬ》が徘徊したら早速追い払います。もし村内で犬を見かけたら村の落度であることを認めます」と記されている。「無飼犬村」は野犬も里犬もいない「無犬村」だったと考えてよさそうだ。

飼い犬が三匹いた越ヶ谷領大間野村の「飼犬証文」には「仰せにありました書付の通り、飼犬は常につなぎ、少しも放さないようにいたします。これから先、野外で見かけるようなことがありましたら、犬主だけでなく名主、年寄の落度とされますこと（承知いたし）、後日のために証文を差し出します」とある。

これが九代将軍家重《いえしげ》の時代、宝暦年間になると、飼い犬がいた村も次々と無犬村になった。宝暦二年（一七五二年）の大間野村「鷹場証文」の中に「御場の差し障りになるので飼犬一切いたしません。主なし犬猫は置かないようにいたします」と記されている。かつては飼い犬がいた七左衛門村、中野田村は「飼犬、野犬など一切御座無く」、染谷村も「当村にては飼犬いたし候者、一人も御座無く」という無犬村になった。

紀伊家の鳥見役は地元の有力者が務めている。鷹場の管理は将軍家鷹場に比べれば、ゆるやかだったようだが、それでも至る所の村々が無犬村になるほど管理は徹底していた。

尾張家は入間郡《いるま》、新座郡《にいざ》（埼玉県）、多摩郡（東京都）内に鷹場が与えられ、藩役人を置いて直接支配し、飼い犬を禁じていた。犬がいれば取り捨てることになる。

水戸家は水戸街道沿いの三郷《みさと》（埼玉県）から松戸、柏、我孫子（千葉県）一帯にかけて鷹場が与えられていた。紀州、尾張家に比べると管理はゆるやかで、犬猫は鷹狩りのある時だけつないでおけばよかった。犬を飼うことは禁止されず、狩りの時は地元の百姓が狩り犬を提供していた。ただし寛保《かんぽう》元年（一七四一年）のお触れでは「旅犬（見知らぬ犬）が来たら打ち殺す」ように命じているので、犬が増えることを放置していたわけではなかった。（『柏市史資料編9』）

江戸近郊の村々は幕府、御三家、大大名の鷹場になっていたため、犬を飼う人が減り、里犬も追放されて、あちこちに無犬村が出現していたと思われる。

●「犬は遠くへ捨てなさい」

江戸近郊の鷹場の村では、特定の飼い主のいない里犬（村犬）は生きていくことができなかった。みな追い払われ、捨てられて野犬となった。野犬もまた捕まえて、遠くへ捨てなければならなかった。捨てろといっても、どこへ捨てたらいいのか。だれでも悩む。

宝暦四年（一七五四年）八月、幕府から鷹場の村々に捨て場所の指示が出た。

所々の御鷹野御場、近年別して犬多くなり、鶴雁の飼いつけに差し障りがあるため、御場に接する屋敷、町方、在方ともに飼犬はつなぎ置くか、または御場より二三里も外へ勝手次第にやるようにしなさい。野犬は捕まえて、これもまた御場より二三里も外へ捨てるようにいたし、もし立ち戻れば、また捕え、右の通りすてるようにしなさい。（『御触書宝暦集成』）

このころ、鷹場ではただ狩りをするだけでなく、鶴や雁を餌付けして呼び寄せていた。せっかく居ついた野鳥を犬が追えば、鳥は警戒してよそへ飛んで行ってしまう。一方、百姓の側からすれば、野犬を捕まえるのも大変だが、二～三里（八～十二キロメートル）離れた場所まで連れて行くのも大変だった。手間を省いて犬を殺してしまう村もあった。そこで追加のお触れが出た。

右の通り先だって相触れたところ、場所により打ち殺すこともあるように聞く。犬が立ち戻れば、また捕えて、幾度も捨てるようにしなさい。末々まで心得違いがないように、この旨、必ず伝えなさい。

宝暦十三年（一七六三年）十一月には御拳場（江戸から五里以内の将軍家鷹場）での犬の規制はさらに強化され、御拳場とその近くでの飼い犬を全面禁止し、すべての犬は見つけ次第取り捨てることになった。

犬を捨てに行けば、そこもまた鷹場であることが多い。当然トラブルが起こる。幕末の安政四年（一八五七年）、幕府代官が徳丸本村、上板橋村など現在の板橋区の村々に出したお触れには次のように書かれている。

御場（御拳場）内の野犬、成犬、犬の子、取り捨てのこと、前々から申し渡しているが、近ごろ格別に（犬が）多いようだ。絶えず心がけて取り捨てなさい。よそから犬を捨てに来る者がいたら、厳しく制止し、あれこれ言うようであれば捕まえて（その者を）留め置きなさい。（『板橋区史資料編3』）

幕府の鷹場政策はあらゆることを百姓に押し付けて、それですませている。犬の取り捨て問題がその典型だった。

武州粕壁《かすかべ》（春日部）は幕府の捉飼場、伊達家の鷹場に囲まれた日光（奥州）街道の宿場町だ。江戸に近い街道筋の宿場町は概して犬が多かった。鷹場から追われた犬、捨てられた犬とその子孫がたくさんいたのだろう。

文政二年（一八一九年）、犬が増えすぎて小作の田畑を荒らし、いろいろ問題を起こすため、粕壁宿の宿《しゅく》名主・宿《しゅく》役人が「飼犬はよそへやるか、つないでおくように」と宿内に触れ回り、見かけた犬は打ち殺すことにした。

六月七日、数匹の犬を狩り取ったところで、百姓吉兵衛のせがれ徳五郎が「うちの犬が捕まえられたから返してくれ」といってきた。そこで「犬は遠くへやります。戻って来たら打ち殺されてもかまいません」と一筆書かせて犬を返したが、徳五郎が犬をまた放したため、十一日夜、犬は打ち倒され、また捕えられた。これを知った徳五郎と仲間は「犬が死んだら容赦しないぞ」と怒り、宿名主らに悪口雑言《あっこうぞうごん》を申し述べた。さらに遺恨によるものか、宿名主・見川安左衛門の畑の木綿が何者かに引き抜かれた。たまらず宿名主・宿役人は「徳五郎と仲間を召し出し、我がままをしないよう仰せ下され、畑荒らしの件もお調べいただきたい」と幕府代官に訴え出た。

代官は「犬狩りというものは宿役人どもの身分でいたすことではない」とクギを刺したうえで、徳五郎と仲間に詫び状を書かせ、宿名主・宿役人から出ていた徳五郎取り調べの願書を取り下げさせた。野犬の増えた宿場町での犬狩り騒動は、これで一件

落着となったが、犬問題が根本的に解決したわけではなかった。

文政九年（一八二六年）二月二日、『徳川実紀』に「内府（十一代将軍家斉）には品川のほとりへ成らせらる」と短い御成りの記事が載っている。何をしに出かけたのだろうか。

鯖江《さばえ》藩士・大郷信斎《おおごうしんさい》『道聴塗説《どうちょうとせつ》』に、この日の御成りは鷹狩りであったことが記されている。

「内府公、御放鷹《ごほうよう》として目黒、品川筋へ成らせ給う。（略）申《さる》の刻（午後四時ごろ）ばかりに御還御《ごかんぎょ》あらせ給う」

この鷹狩りの前に、御成り筋では事前に大規模な犬狩りが行われていた。鷹場を管理する鳥見役の指示だった。

「目黒、品川かけて厳しく群犬を逐捕《ちくほ》せしめらる。依《よ》って数日以前より所々に大坑《おおあな》を穿《うが》ち置き、数百の犬をその中に匿《かく》し養う」

犬が将軍の鷹狩りの妨げになれば、鳥見役の責任になる。捕獲した犬の数が数百というのは誇張ではないだろう。享保年間、吉宗の時代に野犬収容施設として犬溜場が作られているが、ここに記された「大坑」も同じような施設だろう。

仏教は殺生を嫌い、神道《しんとう》は獣畜による穢《けが》れを嫌う。幕府も庶民もまた犬を殺すことを嫌った。犬の命を奪わずに目の前の犬を減らす最も簡便な方法が犬を捨てることだった。犬が子を産めば、鷹場の村では子犬を捨てる。「遠くへ捨てなさい」。それが吉宗時代に定められた幕府の法だった。

捨て犬は新たに野犬問題を生む。鷹場には雉《きじ》、山鳥、鶉《うずら》、雁その他、野犬の餌になる生き物はたくさんいた。犬は動物の死体も食う。埋葬された人の死体も掘り起こして食う。動物の糞も人糞も食う。犬が人糞を食うのは珍しいことではない。生き延びた捨て犬は野犬化し、警戒心が強くなり、村人が捕獲しようとしても簡単には捕まらなかった。

将軍と大名の町である江戸は周囲を鷹場に囲まれていた。商人の町である大坂は鷹場に囲まれていない。鷹場を追われ、捨てられた犬たちのあるものは、宿場町に流れ、江戸にたどり着く。あるいは直接江戸に捨てられる。「伊勢屋稲荷に犬の糞」といわれるほど、江戸の町に犬の糞が多かった背景には、鷹場で起きた捨て犬問題があったといっていいだろう。

2　江戸を歩き回る犬たち

●柳沢吉保の孫の犬日記

大和郡山《やまとこおりやま》十五万一千二百石の藩主柳沢信鴻《のぶとき》は安永二年（一七七三年）、五十歳で隠居し、駒込の下《しも》屋敷（現・国の特別名勝六義園《りくぎえん》）に住んだ。綱吉の側用人《そばようにん》として生類憐みの令を推進した柳沢吉保の孫にあたる。俳句が好きで、芝居が好きで、犬が好き。十三年間、書き記した『宴遊日記』には、犬以外にも猫や狐や鶴や、その他さまざまな動物が出てくる。

信鴻は隠居した時点で、鬼次と福という名の狆《ちん》を飼っていた。

安永二年三月五日の日記に「鬼次、福と初めてつるむ」とある。福に子を持たせたかったようだ。しかし鬼次とは、つるんでもうまくいかず、十二日には黒水犬《くろすいけん》（狆の一種）を借りるため知人の所へ人を出したが、すでに借りられたあとだった。十三日には出入りの鳥屋市郎兵衛から狆を取り寄せたが、この狆は小さすぎて福とつるむことができず、十五日に別の狆を借りて福にかけた。五月になると信鴻は福を鳥屋に預けているが、その理由はわからない。出産のためだったかもしれない。六月七日には黒い狆が来たが、ほかの「狆ども」が吠えるため元の飼い主に返した。狆は複数飼わ

れていたようだ。

信鴻は狆だけでなく、屋敷内の犬、外から入り込んで来た犬、町で出会った犬のことも日記に書いている。どこにでもいる犬の話など日記に書き残す人は少ない。これを読むと、江戸の町に犬がたくさんいたことがわかる。

屋敷（六義園）は池あり、浮島あり、橋あり、小山あり、庵《いおり》あり、とてつもなく広い。垣根や茂みを破って、時々犬がまぎれ込んでくる。

○安永二年五月三十日「朝、園中を回る。（園内のあずま屋に）三犬、伏し居る。逐《お》う」

どこからか犬が三匹入り込んでいた。屋敷の者に園外に追い払わせた。

○八月十八日「朝、このほどなじみになった赤ぶち犬、門よりのぞく。男（使用人）追いかけ、出す」

普段は路上生活をしているが、チャンスがあればどこかの家に住み着いてしまおうと狙っている犬がたくさんいた。門からのぞいた赤ぶち犬もそうだったようだ。なじみになった御隠居さんのご機嫌うかがいに来たが、つれなくされた。屋敷内には別の犬がいるので、飼うわけにはいかなかった。

○十月十日「（来客に）庭を見せる。池の芦を刈る。顔の大きな犬が出て来た。路地に入れ捕まえる。五加蔵（使用人）が縛り、猿江《さるえ》（江東区、別宅）へ連れて行かせる」

○十二月四日「両国で鳥屋の狆を見る」

狆は鳥屋で売っていた。

○安永三年（一七七四年）一月十一日、園内の池に丹頂鶴のつがいが飛んで来た。このころは丹頂鶴が越冬のため江戸まで飛来していた。鶴は翌日も池にいたが、いったん姿を消し、二十一日にまた戻って来た。二十三日に鶴飛来のお祝いをした。（鶴はこのあともしばしば飛来した）

○四月十日「夜中、赤狗《あかいぬ》が庭にいるため、雄狗が多数、扉の外に来て交尾しようと吠える。かまびすしいので赤狗を扉の外に出せば戸外で終夜騒ぎ、眠れない。明け方に起きて、五加蔵と文衛門を呼び、雄狗を捕まえさせるが、捕まえられない」

メスの赤狗は園内に住み着いていた。その犬をめぐって犬が騒ぎ、眠れなかった。

○五月九日「赤狗、白狗（別の飼い犬）を咬む」

赤狗を猿江の別宅に移すが、七日後に自力で戻って来た。

○六月八日、赤狗が奥玄関床下で子を産む。夜中、よそから犬が来て騒がしかった。

○六月十五日「晩鐘のあと池端《いけのはた》弁天（台東区）に参詣。広小路（上野）で籠に入ったキリギリスを買う。谷中《やなか》より薄赤狗が付いてくる。狗を木戸より帰す」

谷中から六義園までは二キロ弱ある。信鴻が外出すると見知らぬ犬が時々ついてくる。犬は犬好きがわかる。信鴻の体から犬の匂いがするのかもしれない。それとも信鴻が犬にやさしく声をかけるのか。

○七月一日、赤狗がほかの狗を咬む。遠くへ捨ててしまおうと縄でくくり、庭につなぐ。箱に入れ、人夫《にんぷ》三人に道案内を付け、猿江に運ぶ。（赤狗はその後、二度縄を咬み切って戻って来た。結局、屋敷で飼うことになり、赤狗に咬まれた白狗の方をよそへ預けた）
○七月五日、「野狗《のいぬ》」が園内で子を産んだ。山本（家臣）が抱いて子犬を見せに来た。同十六日「赤き犬（野狗）」の産んだ子犬三匹を部屋に取り寄せ、留め置く。夕方、母犬が園中に出て来たので飯を与えた。
○七月十七日「薄赤狗の狗子《いぬのこ》に煙草《たばこ》の茎の湯を浴びせノミを取る」
○七月二十日「狗子二つ（二匹）呼び、煙草汁に入れる」
煙草汁につけてノミを駆除する方法は当時よく使われていた。

（大坂の戯作者《げさく》で、愛犬家の暁鐘成《あかつきのかねなり》著『犬の草紙』に書いてあるノミ、シラミの駆除法「煙草のじく（茎）を求めて煎じ出し、程よき湯加減となして、目の中に湯の入らないようにして、全身及び顔までも湯あみさせ、やがて浴衣に包みてしばらく蒸し、その後よく拭《ぬぐ》い、櫛にてすき取る」）
○七月二十五日、黒猫が姿を見せた。最近見かけたので遊んでやった猫。捕まえて猿江に送った。どうやら天井に子を産んだらしい。翌日、天井板を外すと子猫が三匹いた。これも猿江に送った。
○安永四年（一七七五年）一月二十一日「谷中の町家に豆児《まめじ》を彷彿《ほうふつ》とさせる狆がいた。

しばらく遊ぶ」

豆児は信鴻が飼っていた狆の名。狆には愛称をつけるが、そのほかの犬には愛称、固有名詞がない。普通は毛色で呼ぶ。信鴻のような犬好きでもそうだった。このころは犬に固有の名前をつける習慣がなかった。[*注6] 日本の犬が個別に名前を持ち始めるのは明治の文明開化以降のことだ。

●狂犬病流行る

柳沢信鴻の『日記』を続ける。
○安永四年二月十六日「夕方、犬が池にいたつがいの鶴を逐う。鶴飛び去る」
○二月二十八日「雑司《ぞうし》ヶ谷《がや》鬼子母神《きしぼじん》参詣。そばを食べてから、小石川関口・米屋裏手の水車を見る。臼二十ばかり米をつく。（小石川で）小狗跡をついて来る」
○七月十七日、午前四時ごろ、まだ暗いうちに屋敷を出て浅草寺に向かう。同道した珠成《たまなり》（息子）の部屋の白狗が帰らないので連れて行く。白狗始終先へ行くので、珠成と伴の者は前を行き、吠えかかる犬を追い払った。町の犬は自分たちの縄張りを守ろうとして、よく喧嘩をするからだ。
○八月六日「赤狗が産んだ黒ぶち狗子（七月二十日生まれ）を取り寄せ見る」
このころ江戸で狂犬病が流行っていた。

○八月十三日「米貫《べいかん》（俳号）、犬毒（狂犬病）治らず、昨日亡くなる」
　柳沢信鴻は俳句をたしなんだ。俳号米翁《べいおう》。江戸で名の知れた俳人だった。死んだ米貫は六義園によく出入りしていた俳人。俳号に「米」とついているところからすると、門人かもしれない。

　次第に病犬の記事が多くなる。
○九月七日「園中に白犬来る。病犬（狂犬病）のようなので追い払う。（犬は）ほどなく死ぬ」

　狂犬病は享保十七年（一七三二年）、長崎に上陸した。吉宗は長崎オランダ商館や清国に猟犬を注文しているが、輸入した犬の中に狂犬病に感染している犬がいたらしい。当時の犬は放し飼いで、しかも喧嘩をよくするから、犬が咬まれて伝染するのが速い。福岡藩鞍手《くらて》郡の庄屋が書いた『万年代記帳』には、「はしか犬」が「犬、人間、牛馬などに喰い付く」と記されている。犬、人、牛馬みな倒れた。

　狂犬病はたちまち中国路に蔓延《まんえん》した。

注6　『日本書紀』には足往（あゆき）、万（よろず）など固有の名を持つ犬が出てくる。江戸時代も飼い犬に名前をつける例はあるが、一般的ではない。

この年は稲の大害虫であるウンカが大発生し、米は凶作となった。大坂の米仲買のもとには凶作情報と一緒に狂犬病情報が入ってきた。大坂の鴻池《こうのいけ》に奉公し、その才覚を認められ、のちに別家鴻池を名乗る草間伊助は次のように書いている。
「備前《びぜん》、備中《びっちゅう》、広島、備後《びんご》あたりの犬までも病《やま》いつき、人民にかみつき、多く人損じ（死亡）も之あり。播州《ばんしゅう》（兵庫）まで同様の由なり」（『草間伊助筆記』）
京都町奉行所与力・神沢杜口《かんざわとこう》が著した全二百巻の大著『翁草《おきなぐさ》』には「犬わずらいて、狂い駆けて人に喰いつき倒れ死す。中国辺は犬ことごとく死に果て一疋もなし。またその毒気に触れ侵されて人も即死、あるいは日を経て死ぬるもあり」とある。犬ことごとく死に果て、とは少し大げさなようでもあるが、人々は身を守るため犬を殺したから、犬が一匹もいなくなるような光景は実際に見られたのだろう。
江戸では元文元年（一七三六年）の冬、狂犬病が流行し、「犬煩い、多く死す」と『武江年表』に記されている。
○安永四年（一七七五年）十月十八日、信鴻は息子珠成と浅草寺に参詣する。
上野山下から浅草へ向かう通りの左手に広徳寺という大きな寺があった。今はその寺の一部が台東区役所になっている。寺の斜め前には下谷稲荷があり、寺や稲荷にお参りする人が多かった。人の多い所には町犬も集まる。

「広徳寺門前に病狗《やまいいぬ》、倒れている。人集まり見る」
浅草寺参拝をすませ、楊枝と柿を買って帰る途中、また広徳寺前を通りかかったが、病犬は倒れて死んだままだった。みんな見ているだけで、片付けようとはしなかった。

○十月十九日「巨摩狗《こまいぬ》、このほど犬に咬まれ、少し治り、園中にも出る。昨夜また大いに咬まれ、庵の納屋に臥せている。傷がひどい。赤豆煮を遣わす」
巨摩犬という名前からすると、山梨巨摩産の犬だと思われる。よそから来た数匹の犬に園内で襲われたこともある。赤豆（小豆）は犬の病気やけがを治す時によく使われた。

（『犬の草紙』には「傷を受けた時は急いで小豆を煮て食わせるべし。多くの犬はつぶを嫌うものなれば、よくすりつぶして食わしむべし。もし嫌いて食わざれば、魚の汁などかけて食わすべし。小さい傷は自らなめて治すが、所によりては舌とどかず、なめることができない。いずれにしても傷を受ければ、いそぎ小豆を食せしめ、早く痛苦を救うべし」とある）

○十月二十日「今朝、巨摩狗が死んだと義範が申し来る」
死因不明。狂犬病への不安がつきまとう。

○十二月九日「珠成を同道し閑歩（散歩）。谷中通りのいろは（店名）の前で、病犬が来て穴沢（家臣）の足に突き当たる」。穴沢は無事だった。
○十二月十三日「赤狗（信鴻の飼い犬）、薪部屋に昨夜子を産む。五つばかり」
○閏十二月六日「赤狗、小庭に出ないように縁の下の穴をふさがせる」
○閏十二月二十一日「赤狗の子、一つ死ぬ」
○閏十二月二十三日「赤狗、昨夜また傷をこうむる（喧嘩して咬まれる）。赤豆を食べさせる」

この時、狂犬病をうつされたのかもしれない。年が明けてすぐ赤狗が発病する。

○安永五年（一七七六年）一月一日

大名はこうは寝られじ今朝の春　米翁（信鴻）

のんびりとした気分で正月の朝を迎えた。大名時代は将軍慶賀のため朝からお城に詰めなければならなかった。それに比べ、隠居の身分は気楽でいい。

六義園は庭園中央に大きな池が配置され、中の島に妹背山《いもせやま》と名付けた小山がある。信鴻が園内を散策中、赤狗がやって来たが、様子がおかしい。

「妹背山へ赤狗、病犬の姿で来る。（咬まれるといけないので）路地に入って避け、条衛門に命じ、恵三と一緒に赤狗を探させる。お隆（側室）が赤狗は庭にいるという。（赤狗を路地に入れ）戸をさしこみ出られないようにする。そのうち路地より逃げ出したので、恵三が抱いて物置へ入れる」

○一月二日「赤狗が物置の外へ出たので、恵三が抱いて物置に入れる」
○一月三日「今夜、赤狗、藪《やぶ》の蔭で倒れ死ぬ」
　昨年八月には俳句仲間の米貫を狂犬病で失い、今度は赤狗が死んだ。信鴻の病犬への警戒心は強くなる。
○三月十六日「（園内の）庵に立寄る。帰りがけ黒い病狗が来る。追い払わせる」
○安永六年（一七七七年）六月十三日「山内《さんない》（上野寛永寺）より白犬付いてくる。犬を門から追い返す」
○安永七年（一七七八年）五月二十三日「珠成部屋の赤犬、このごろ人を咬むので捨てさせる」
　犬はすぐ戻って来たが、また捨てるように命じる。
○天明元年（一七八一年）十月二十六日「太師（寛永寺慈眼堂《じげんどう》）参詣」
　慈眼堂下の屛風坂《びょうぶざか》を下り、門外に出たが、病犬がいると知らせがあり、急きょ門前の高岩寺に入り参詣、しばらく休憩する。
○天明二年（一七八二年）五月十四日「湯島（聖堂）参詣。天沢寺《てんたくじ》前に病犬らしいものがいる」
　天沢寺は将軍家光の乳母《うば》春日局《かすがのつぼね》の菩提寺。正式名称は麟祥院《りんしょういん》。その門前に病犬らしい犬を見つけた。警戒して天沢寺には入らず、御開帳は外から拝んだ。それから湯島聖堂に向かう。帰りは裏道を通って天沢寺門前の病犬を避け、六義園に戻った。
○同九月四日「午後、園中に出る。妹背山に病狗がいるので戻る」
家臣が病犬を打ち殺そうとするが、縦横に走り近寄れない。ついに見失う。夕方、厠《かわや》へ行った者が戸外に病犬を発見。使用人らが大庭に追い詰め打ち殺す。使用人一人が右手を咬まれるが、大事に至らなかった。
○同九月八日「浅草参詣」
寛永寺境内を抜け、下谷の広徳寺前に出る。浅草観音に向かって少し行くと店先に病狗らしい小犬が見えた。横丁に入って小犬を避け、浅草に行く。
○天明三年（一七八三年）一月二十九日、江戸郊外西ヶ原（北区）にお隆を同道して若菜摘みに行く。暮前、民家脇で草摘み中、近くの田んぼに病犬らしい犬を見つける。
「昨日も飛脚を咬んだと聞き、早々と立ち去る」

狂犬病は局地的な流行と沈静化を繰り返し、しかも根絶されなかった。狂犬病にかかった犬は撲殺されたが、幕府が一斉に町の犬退治に乗り出した形跡はない。鷹狩りの妨げになる鷹場の村の犬も、殺すことは認めず、遠くに捨てさせた。できるだけ殺さないのが幕府のやり方だった。狂犬病の流行で極端に江戸の犬が減少することはなかったようだ。

暁鐘成『犬の草紙』に描かれた子連れの町犬が水を飲む図。「町中で犬に水をやる者がいないが、犬の飲み水を絶やしてはいけない。どぶの泥水を飲ませてはかわいそうだ。苦しいこと、楽しいこと、人も畜類もかわりない」と鐘成は書いている。

勝海舟は九歳の時、「病犬（狂犬）に出合ってきん玉をくわれた」（勝小吉《こきち》『夢酔独《むすいどく》言《げん》』）。父小吉はすぐに外科医を呼び、傷口を洗浄して縫合させたが、医者は「今晩の命も保証できない」といって帰った。海舟は結局七十日間寝込んで一命をとりとめた。この時もし死んでいたら、幕末・明治維新の様相はずいぶん変わったものになっていたに違いない。*注7

●なぜ江戸に犬が多かったのか

江戸に犬が多かった理由をまとめておこう。

一つには、三代将軍家光、四代家綱のころまでかなり頻繁に行われていた犬食いがなくなったことによる。太平の世になって犬食いは野蛮な行為であるとして嫌われた。十万人の焼死者が出た明暦の大火（一六五七年）は江戸で犬食いがなくなる一つのきっかけとなったと思われる。大火の犠牲者である馬牛犬猫は人と一緒に無縁仏として現在の回向院に葬られた。かつてなかったことだ。大災害のあと、人は生き残った動物にやさしくなる。

一つには、明暦の大火後、幕府、大名が巨額の復興資金を投じたため景気が良くなり、新たな労働力が江戸に流入し、人口の増加に伴って治安も悪くなり、番犬の需要が増えたことによる。幕府御先手組《さきてぐみ》は明暦年間から江戸市中の取り締まりを始め、寛文五年（一六六五年）に先手頭が関東強盗追捕《ついぶ》（のちの火付盗賊改め）に任じられた。

一つには、村ごとに割り当てていた御鷹餌犬の制度が行き詰まり、将軍家綱のころから金《かね》や米での代納が普通になり、江戸近郊の村も無闇に犬を殺されずにすむようになったことによる。

一つには、江戸が物資の消費地だったことによる。そのため犬の餌となる残飯が豊富だった。多数の人が集まれば多量のごみが出る。隅田川河口の江戸湾に船でごみを運び、本格的に埋立地を造り始めたのが明暦年間だった。長屋のごみは長屋の共同のごみ溜めにいったん捨てられ、ここから各町内のごみ溜めに移される。犬がいるおかげで、悪臭を放つ生ごみの量を減らすことができた。その分、犬の糞も多くなった。

一つには、江戸の町（御府内）の周囲がぐるりと鷹場に囲まれていたことにある。将軍綱吉が廃止した鷹狩りを八代将軍吉宗が復活させ、鷹場の村では犬の放し飼いに規制が加えられた。「犬は遠くへ捨てなさい」と幕府は命じた。宝暦十三年（一七六三年）、十代将軍家治の時に御拳場（江戸から五里以内の将軍家鷹場）では犬を飼うこと

注7　狂犬病ワクチンは明治十六年（一八八三年）、パスツールによって開発された。日本では長崎病院内科医長・栗本東明《とうめい》がワクチン製造に成功し、明治二十七年（一八九四年）からワクチン注射による治療を始めた。

が禁じられた。それでも犬はどこからかやって来て勝手に子を産む。その子はまた捨てられる。江戸の犬の供給源の一つが御拳場だったと思われる。

一つには、幕府が江戸の犬を減らすための積極策をとらなかったことによる。幕府は江戸の犬を殺したり、離島に送ったりしなかった。「犬を殺す」のは風紀上よくないと考えていた。番犬としての役割も認めていた。（綱吉の生類憐みの時代、犬小屋に江戸の犬を収容したのが幕府による町の犬減らしの実例として挙げられる）

一つには、江戸には大坂のように「犬とり」がいなかったことによる。犬とりは「犬釣り」ともいった。井原西鶴『本朝《ほんちょう》二十不孝』に犬釣りの話が出てくる。離縁になること十八回、身持ちの悪い女はかつて親の下で働いていた下男と一緒になり、「その日暮らしの男は犬を釣り、おのれ（女）は髪の油を売れども、噂が流れてだれも買わなかった」。犬は毛皮になるが、それだけではない。犬から蠟《ろう》のような脂をとる。だから犬釣りの女房が売る油は、噂が流れて売れない。

ロウソクはハゼの実からとった脂で作るが、大坂で作られ、江戸で売られた安い「下りロウソク」は魚油獣肉の脂を鍋で煮て固めたものだった。「それゆえ大坂には犬とりという者がいて、非人でもなく、穢多《えた》でもなく、わらでこしらえたかますを肩にかけ歩く。路頭に死んだ犬があれば皆取って蠟にする。死にかかった犬を見れば打ち殺して持ち帰る」と津村淙庵《そうあん》『譚海《たんかい》』は記している。

『犬の草紙』を書いた大坂の戯作者・暁鐘成は犬とりに愛犬を殺され、その死を悲しんで生駒《いこま》山中に墓を建てた。「狗賊《くぞく》の難から犬を救ってやるために、飼い主のいない犬も夜は庭の片隅にでも入れてやるのがよい」と鐘成は述べている。

第七章

犬たちの文明開化

1　吠えられまくる外国人たち

●純血種を尊ぶ英国、雑種派の日本

幕末、日本にやって来た外国人は例外なく犬に吠えられた。

イギリスの初代駐日公使オールコックは「外来者たちを迫害することにかけては熱心な、奇怪でもあり野蛮でもある人種の住まう」辺境の国・日本にスコッチ・テリアを連れてやって来た。愛犬家のオールコックでさえ「両刀を帯びた武士を別にすれば日本の都会の唯一のやっかいものは普通の犬だった」（『大君《たいくん》の都』山口光朔訳）といわざるを得ないほど、外国人は江戸や横浜で犬に吠えられた。

野蛮な国では、犬までも野蛮なのだ。そう考える外国人は多かった。万延元年（一八六〇年）に来日したイギリスの植物ハンター（採集家）フォーチュンは「日本人、中国人と一緒に暮らしている犬は、そこに住む人間と同じ感情を持っている」という結論に達した。

（日本では）犬たちが我々に敵意を示した唯一の動物であり、どうやら間違ってそうしたのではなかった。彼らは家から飛び出して来て、ものすごい勢いで我々に吠えた。しかし彼らはその上に臆病で、たいていは用心深く距離を保っている。

これらの犬たちは普通の中国の犬と同じ種類のようで、おそらく、どちらも元々は同じ血統から出たものだろう。奇妙なことには、犬たちは彼らの主人（日本人と中国人）と同じように外国人に対して反感を持っている。なぜなら、たとえ日本と中国の人々が礼儀正しく、親切に見えても彼らの十人中九人が我々を憎み、軽蔑していることは疑いようがないからだ。（略）哀れな犬たちは生まれながらに植え付けられた（日本人と中国人と）同じ感情を持っているが、同じ偽善は持ち合わせていない。だから（偽善がないから）犬たちの敵意は目に見えるのだ。

（『Yedo and Peking』「江戸と北京」、筆者訳）

日本人や中国人はその敵意を隠し、礼儀正しく、親切な態度で外国人に接する。確かに人は偽善的であるかもしれない。しかし、犬が偽善的であるとか、ないとかいうのはどういうことだろう。もともと偽善的ではない犬を引き合いに出して、人の、それも取り立てて東洋人の偽善性を論じること自体がおかしい。

犬をもってして、その国を語る。その傾向はイギリス人にとくに強い。彼らは自分たちの用途に合わせて犬やその他の動物を品種改良してきた。雑種は淘汰《とうた》され、人為的改良で作られた〝純血種〟を尊重した。ウサギ狩りの犬、キツネ狩りの犬、牧羊犬、獲物を泳いで持ち帰るレトリバー犬、牛と闘うブルドッグその他、飼い主の命令をよく聞き、特殊化した能力を持つ犬が珍重された。*注8

〝純血種〟を作るため、淘汰されるのは一般にオスである。優秀なオスは子孫を残し、そうでないものは子孫を残すことができなかった。

イギリス人が作り出したサラブレッドがその典型である。繁殖力が強く、速い馬は子孫を残し、そうでない馬は淘汰され、去勢され、あるいは馬車馬、駄馬として売られていった。現在のサラブレッドは三大始祖と呼ばれる三頭の男馬――バイアリー・ターク（一六八〇年生）、ダーレイ・アラビアン（一七〇〇年生）、ゴドルフィン・アラビアン（一七二四年生）の子孫だ。

そのころ日本ではどうしていたか。徳川幕府は現在の千葉県に広大な馬（野馬）の放牧場を持っていたが、系統的な品種改良は行われず、馬産地から時折男馬を取り寄せ、馬の群れの中に放して新しい血を入れるだけだった。これはイギリス式の選抜育種ではない。日本の馬は雑種化し続け、馬の良し悪しは、馬の相《そう》（顔相、毛色、形など）を見て判断した。

幕府の御《お》鷹方《たかかた》で飼っていた鷹犬も、その良し悪しは犬の相を見て決めた。犬の選抜育種は行われなかった。

日本人は去勢ということを嫌った。中国宮廷には宦官《かんがん》がいたが、日本人はそれを野蛮なことと考えた。手本にした中国の政治組織に宦官の制度があることを知りながら、日本の宮廷には普通の男である蔵人《くろうど》を置いた。

日本人も知識としては「たまとり」を知ってはいたが、それは未開人、野蛮人のすることだった。犬であれ、馬であれ、去勢のように獣畜が本来あるべき姿に人為的に手を加える行為は、人としてやってはいけないこと、不仁の最たるものだった。*注9

●未開の国の野蛮な犬

日本人は主に番犬として犬を飼っていた。延々と雑種化し続ける過程の中で、番犬にふさわしい犬が生き残っていった。不審人物を見て吠えないような犬は役に立たない犬だった。

ヨーロッパ人、その中でもイギリス人にとって、ただ吠えるばかりの日本の犬は洗練されていない、未開の国の犬でしかなかった。中国や日本を訪れたイギリス人は、

注8　イギリスの犬はよく働いた。ビートルズは「ア・ハード・デイズ・ナイト」で歌った。And I've been working like a dog.（犬のように働いた）。犬は働くものだった。

注9　『ドン・ロドリゴ日本見聞録』は日本に去勢牛がいると書いている。

中東からアジアにかけての旅の途中でたくさんの犬を見ている。未開で、野蛮な犬たちはどこにでもいた。日本の幕末期、満州を馬に乗って見聞旅行したイギリス陸軍の獣医・フレミングは「満州騎馬旅行記」[*注10]の中で野蛮な犬たちについて次のように述べている。

中国の犬は、インドのパリア犬、カイロやエジプトに普通にいる野蛮な困りものの犬、シリアの犬、イスタンブールの狭い道で月夜に仕方なく石を投げつけた、うなる家畜である犬、それらの仲間だ。（筆者訳）

インドにはカースト制度から疎外された人々が多数いて、インド南部にはパリア（パーリア）と呼ばれる最下層民がいた。パリアドッグは、犬の世界の差別語で、主にイギリス人によって使われた。アジアの犬がうるさく、きたならしく、外国人を敵視するのは、そこに住む人間が文明化されていないからだ、というのがイギリス人の共通認識だったといっていいだろう。

安政五年（一八五八年）、英国使節団の一員として来日したオリファントは、その訪日録[*注11]の中で、短いが、的確な表現で日本の犬を次のように記述した。

江戸の道路には犬たちがたむろしている。コンスタンチノープルのみじめで、きたならしい野良犬や、インドのパリア犬ではない。毛づやが良く、十分に肥え、図々しい動物で、飼い主はいないが、コミュニティで繁栄し、そしてけんか腰のように見える。彼らは耳と尻尾を立てながら通りを突っ走る。脇道で出会うととても恐ろしい。（略）彼らは、一つの種族として、これまで私が見た最も見事な街の犬というべきだろう。（筆者訳）

アジアの犬の中では、日本の犬はましな方だという印象をオリファントは持った。オリファントは犬好きなイギリス人だった。一八六一年（文久元年）、江戸駐在イギリス代理公使の内示を受けて再来日した時、横浜で昼飯の残りを犬にやると、犬は公使館までついて来て、そのまま居ついてしまった。イギリス公使館が十数人の水戸浪士に襲撃された晩、その犬の鳴き声でオリファントは目が覚め、そばにあった大きな鞭《むち》を持って暗闇の中で賊と闘った。オリファントは重傷を負ったが、一命をとりとめ、

注10　原題「Travels on horseback in Mantchu Tartary,being a summer's ride beyond the great wall of China」。『南満騎行』の題で戦時中抄訳本が出たが、引用部分は記載されていない。

注11　邦訳本『エルギン卿遣日使節録』。パリア犬は「宿なし犬」と訳されている。

犬は切り殺された。「見事な街の犬」の最期だった。

欧米人はどこにでもいる日本の犬に興味を示さなかった。吠え立てるばかりの、しかも純血種ではない犬に価値は認めなかった。唯一の例外は狆《ちん》だった。欧米人の考える純血種である狆を彼らは金を出して盛んに本国に持ち帰った。

文政六年（一八二三年）に来日し、六年間日本に滞在した長崎オランダ商館の医師シーボルトは多数の動植物標本、図譜を本国に送った。研究者としてシーボルトは町の犬の標本も送った。

オランダのライデン自然史博物館はシーボルトが収集した資料を基に『ファウナ・ヤポニカ』（日本動物誌）を出版したが、その中の「哺乳類」（一八四二年刊）に「日本の犬（猟犬と街の犬）」の図譜が掲載されている。

図譜左の「猟犬」は日本の在来犬の特徴をよく示しているように思われる。

図譜右の「街の犬」は耳が折れている。日本の犬は通常耳が立っているので、典型的な「街の犬」とは言い難い。日本人の絵師がわざわざ珍しい街犬の図を描いたのかもしれない。隋唐の昔から日本にはさまざまな犬が持ち込まれ、江戸時代にも西洋犬が輸入されているので、町中にも折れ耳の犬がいたが、数は多くなかった。

シーボルト『ファウナ・ヤポニカ』掲載の日本の犬の図。左・猟犬、右・街の犬。中央下は街の犬の頭骨図。（国立国会図書館所蔵本より）

2 近代国家の犬の飼い方

●里犬の絶滅、洋犬時代へ

かつて日本中どこにでもいた里犬（町犬、村犬）は明治になって絶滅の道をたどり始める。そのきっかけが文明開化だった。日本の近代化を急ぐ明治政府は、犬の近代化も急いだ。近代化とは欧米のようにすることだった。政府は外国人に評判の悪い町の犬をどうにかしたかった。

明治五年九月十二日（一八七二年十月十四日）、新橋―横浜間の鉄道が開通した。蒸気機関車は西洋の科学技術の驚異的な力を人々に見せつけた。品川―横浜間の仮営業時には、犬の乗車も認められた。人の運賃は上等一円五十銭、中等一円、下等五十銭で、犬の運賃は二十五銭だった。外国人のために便宜を図ったのだろう。犬と散歩する習慣さえなかった日本では、鉄道に犬を乗せることも文明開化だった。（犬を乗せる人が少なかったためか、本営業時には犬の運賃規則はなくなる）

ほぼ同時期に、主要な都市で「悪犬狩り」が始まっている。

鉄道開通式を間近に控えた八月二十六日、神奈川県は「市中に犬が増え、悪犬が往来の人に咬みつき、不慮のけがをすることがある」ため、「本日より数十日間、飼犬には飼主の名前、住所を記した札を付け、それ以外の無主の犬は見当たり次第邏卒《らそつ》（巡査）が処置する」と県下に布達した。

十月、大阪府では「市中の犬、みだりに路人に吠えつき往来の妨げをなすこと、これある趣《おもむ》きにつき、見当たり次第巡邏の者が追捕《ついぶ》致す」ことになった。飼い犬は捕獲されないように飼い主の姓名を書いた札を付けるよう住民に伝えた。

同月、京都や大分でも悪犬狩りが行われている。こういう一連の動きは何を意味しているのだろうか。明治五年になって急に日本の犬が人々に悪さをし始めるはずがない。

悪犬狩りをするのは邏卒の仕事である。邏卒は明治四年十月、東京に置かれたのが最初で、その後、全国に導入された。そのほとんどが下級武士からの転職組だった。彼らは制服を支給され、刀に代えて長さ三尺（約九十センチ）の棍棒《こんぼう》を所持した。犬からすれば、見かけたことのない異形《いぎょう》の人体《にんてい》だ。しかも棒を持っている。諺「犬も歩けば棒に当たる」は「犬も動き回れば棒で殴られるから、じっとしている方がいい」というのが本来の意味だ。犬は棒で殴られ、棒で追い払われる。制服、棍棒姿の邏卒を見て、犬が警戒して吠えないはずがない。棒を持つ人物は要注意なのだ。明治初年の悪犬狩りは住民からの要請ではなく、邏卒の仕事をやりやすくするため警察主導で行われたものだろう。

と同時に明治政府は外国人の目を気にしていた。町中に飼い主不明の犬がごろごろしているような国は文明国ではないのである。

明治六年四月、東京府は新たに「畜犬規則」を施行し、首輪と飼い主の住所氏名を書いた木札を付けていない「無札」の犬はすべて「無主」の犬と見なし、見つけ次第撲殺することにした。犬には飼い主がいなければならないというイギリスの制度を見習ったのである。飼い主が明確ではない里犬はその存在を否定され、明治政府によって無条件で悪と見なされた。

「無主の犬」という言葉は綱吉の時代に造られた官製語である。明治政府も同じ言葉をそのまま使ったが、庶民はなじめず、飼い主のいない犬はやがて野良犬と呼ばれるようになった。野良犬とは本来は野良（野原）にいる犬のことだが、「のら」は「ろくでもないもの」「あぶれもの」「宿なし」などを意味する言葉として、江戸時代、盛んに使われた。「畜犬規則」施行以後、「無主の犬」はすべて、ろくでもない犬になり下がり、日本中に野良犬という言葉が広まっていった。

畜犬規則は道府県単位で順次施行されたが、日本在住の外国人から「無差別に人前で撲殺するのは残酷すぎる」と批判が出たため、明治十四年五月、警視庁は「札のない犬は捕獲後、一週間庁内の檻《おり》の中で畜養する」と規則を改正し、他府県もこれにならった。一週間警察に置いて飼い主が名乗り出なければ処分した。こうして、かつて日本のどこにでもいた里犬（町犬、村犬）は絶滅の道をたどっていく。

このころ里犬は地犬と呼ばれ、洋犬よりも数段低く扱われた。東京や横浜ではまず最初に地犬が撲殺された。洋犬は外国人や有力者の飼い犬である可能性があるため、犬殺しも撲殺を避けた。

このころ洋犬はカメと呼ばれていた。横浜にやって来たイギリス人やアメリカ人は「カムヒア」と犬を呼んだ。日本人の耳には「カムヒア」が「カメや」に聞こえた。日本人は洋犬を見るたびに「カメや」と声をかけ、いつの間にか「カメ」が洋犬を指す言葉になってしまった。

カメは日本の犬に比べれば、飼い主のいうことをよく聞いた。物を口にくわえて運ぶくらいのことは簡単にこなした。水の中から物を取って来いといわれれば、喜んで取って来て飼い主に渡した。座れといえば座ってじっとすることもできる。

「洋犬は和犬より怜悧《れいり》なること、遙《はる》かにその右に出づ」

明治十二年、数え十三歳の正岡少年（子規《しき》）の感想（『洋犬ノ説』）である。

文明開化の時代、日本人は西洋流に個人で犬を飼うことに目覚めた。飼い主と飼い犬は「個」と「個」の関係で結ばれ、犬は固有の名前を持つようになった。日本の犬の近代化はそれぞれの犬が固有の名前を持つことに始まったといってもいいだろう。犬に名前をつけることで、飼い主の犬に対する愛情は深まった。

「洋犬にあらずんば犬にあらず」というのがこの時代の雰囲気だった。「カメ」を飼っているだけで、いっぱしの文明人になったように勘違いする連中があちこちに現れた。

明治六年十月に東京府知事から湯屋（銭湯）に「犬を入浴させる者がいるというが、差し止めること」とお達しが出ている。実際に犬連れ入浴する者がいたのだ。

明治八年八月二日の読売新聞。

「当社（読売新聞社）の者が芝の風呂屋に行った時、どこかの人が洋犬を連れてきて、風呂の前で手ぬぐいを湯船につけては犬を洗っていた。犬の湯銭を出すにせよ、犬と人間と同じ湯にはいるのは実にいやな事だと思い、急いでとび出し、また外の湯へ参って帰りました」

さすがに犬そのものを湯船に入れることはなかったようだ。

明治九年五月四日の横浜毎日新聞には、横浜の色町の女性は「どこの洗場（銭湯）にでも洋犬を連れて来て入浴させる」という投書が載っている。

犬連れで料理屋の畳座敷に上がり込む人もいた。

「洋服を着て洋犬を挽《かめ》いて歩行《あるく》のを文明とか開化とか威張る人が沢山いるが、是は格別人の害にもならないからよいが、迷惑なのは諸方の牛肉屋や料理屋へ洋犬を連れてあがり、其《その》洋犬が外《ほか》の座敷もかまわずノソノソ出かけて鼻をヒクヒクやって居るが、

日本ではいまだ畳の上で食事をいたすことゆえ、座敷の中に犬などの居るのはいかがか」（明治十一年三月七日、読売新聞投書）

洋犬至上主義は明治十九年、文部省が編纂した国語教科書『読書入門《よみかき》』にポチが登場して決定的になったかに見える。

ポチ　ハ、　スナオナ　イヌ　ナリ。
ポチ　ヨ　コイ〳〵、
ダンゴ　ヲ　ヤル　ゾ。
パン　モ　ヤルゾ。

ポチは人のいうことをよく聞く、素直な洋犬の代表として教科書に載った。「犬の名はみな西洋風か西洋まがいになった。（以前は）ジミーとかジャッキーとかポチとかいうのは聞かなかった」と朝日新聞（明治三十五年九月二十七日）に短い記事が掲載されている。

日本各地で在来の里犬は飼い犬である洋犬に駆逐されつつあった。

山形県では明治十二年に「畜犬取締規則」が施行され、飼い主の住所氏名を記した札を付けていない犬は「畜主なきものと見なし」撲殺された。

元庄内藩士（山形）の松森胤保《たねやす》は戊辰《ぼしん》戦争に従軍したあと、中学校長、県会議員な

明治21年に松森胤保が描いた山形・鶴岡の洋犬（『両羽博物図譜』酒田市立光丘文庫蔵）

どを務め、明治十八年ごろから故郷の鶴岡で『両羽《りょうう》博物図譜』の執筆を始めた。このころすでに鶴岡でも洋犬の方が優勢になりつつあった。

「(洋犬は)我が地方に繁殖し、今は四近《しきん》(この周辺)でも続々見る所なり。我が児輩《じはい》に至るまで、これを戸内に育《やしな》うに至る」

明治二十一年に松森の家でも洋犬を飼い始めた。その絵が『両羽博物図譜』に載っている。日本中あっという間に洋犬だらけになってしまった。

●消えてゆく犬の糞

明治文明開化後の洋犬の時代、町犬は殺され、東京は「伊勢屋稲荷に犬の糞」といわれるほど、犬の糞は多くなかった。犬の糞が減り始めて、東京の人間は盛んにこの言葉を使い出した。

作家・饗庭《あえば》篁村《こうそん》の小説『三筋町《みすじまち》の通人』(明治二十二年)に、犬の糞がない町の様子が描かれている。三筋町(台東区)は近くに三味線堀のある粋筋の町。

「今は裏々新道にも光まばゆきランプがともり、犬の糞も遠ざけられ、提灯を借りなくてもぬかるみに足を取られることもなく、世の中は開け清潔になったが、人の心の塵埃《ほこり》は依然積もったままで汚い」(要約)

明治三十二年、幸田露伴《こうだろはん》は『一国の首都』と題して新しい時代の首都のあり方について筆をふるい、都市衛生問題を論じた。浅草、下谷は排水が悪く、雨が降るたび市街に水がたまる。衛生上、外観上、経済上、暗渠《あんきょ》式の下水の整備が必要であると述べ、さらに東京のごみ、糞尿問題に言及した。

「明治以降、町中で放尿撤糞《てっぷん》するような悪習は法令で禁じられ、大いに都市の面目を美しくした。街路の清潔を保つためには、道路に面した家々に朝夕の掃除を行わせ、(馬糞の多い)馬車道は馬車会社または公費の負担で厳重に掃除をさせるべきだ。江戸に多いものの例としていう伊勢屋稲荷に犬の糞のような俗諺《ぞくげん》を繰り返すようなことがあってはならない」(要約)

明治も中ごろになると、東京の路上の糞尿問題は犬の糞よりも馬の糞に力点が移っていた。明治五年ごろから東京には馬車が走り始め、新しい交通手段として利用者が急増したからだ。そのころの一口話《ひとくちばなし》。「馬車の馬が小便したよ」「バシャ〳〵」(「開化一口話」『明治事物起原』)

明治十五年には新橋―日本橋、日本橋―上野―浅草の鉄道馬車が開通した。表通りの交通が激しくなると、木札を下げた犬も江戸時代のように通りでごろごろしているわけにはいかなくなるが、いるのは飼い犬ばかりで町犬はいないから、江戸時代に比べれば犬の数は少ない。問題は犬の糞よりも馬糞公害だった。馬糞は軽くて乾燥しやすく、とくに冬場は馬糞混じりの風が舞い上がる。馬糞は露伴が指摘する通り新しい都市問題だった。

　不思議なことに、外国人からは路上の犬の糞や馬糞について、苦情らしい苦情がなかった。そのことを問題にした記述が見られない。当時、欧米の道路は至る所に馬糞が落ちていた。馬車が通れば馬糞が残る。だれも気にしない。夏目漱石が明治三十四年に見たロンドンは「烟《けむり》と霧と馬糞」（漱石書簡）にうずもれていた。日本人は犬の糞や馬糞が気になったが、西洋人はさほどでもなかったようだ。

　明治三十六年、東京に市内電車が走り始めた。鉄道馬車は姿を消し、馬糞問題は解消していく。

　かつて犬は自分が飼わなくても、どこにでもいるものだった。それが文明開化によって西洋式に個人で犬を飼う習慣が持ち込まれ、人々は自分だけの犬を飼う楽しさを発見した。

　露伴は自分の少年時代の体験を『日ぐらし物語』の中で書いている。

「雪雄は犬を可愛がる。それだから犬は雪雄になじんで愛想をする。愛想をするから可愛がる。可愛がるから愛想をする。愛というものが輪になっている」

「親父は全体犬を可愛がらない。可愛がらないから犬は自然と恐れて親父の顔を見ると、尾を垂れ、首を低くしてこそ〳〵と逃げて行く。自分には無愛想だから益々《ますます》可愛がらない。可愛がらないから益々無愛想だ。気まずいのが輪になっている。この輪の中に碌《ろく》なものはない」

「犬一匹可愛がることができない。愛というものの面白味を解《げ》せない者くらいあわれなものはない」

犬を飼うことは愛や自我を発見することでもあった。

里犬が消え、在来の日本の犬は猟犬として山間部などに少数が残るだけになってしまった。

「洋犬の内地雑居以来、純粋の日本犬は追々少なくなって、至る所、雑種の犬が多くなった。東京市内でも純粋の日本犬かと思われるのは、日本橋辺の問屋に飼われている大きな牡犬《おすいぬ》一頭位なもので、その他は大抵雑種だ。それから純粋の洋犬も矢張り純粋の日本犬と同じくごく僅《わず》かしかいない。そして市内の飼犬の現在数は六千余頭である」（明治三十四年十月二十七日、読売新聞）

当時は飼い犬でも放し飼いだから、その時期になれば犬は出産する。純血種の犬を代々育てていくことは至難の業だった。犬は再び雑種化し、不用の子犬たちは心優しい日本人によってどこかに捨てられた。それが日本の悪しき伝統だった。里犬が絶滅しても、捨て犬はなくならず、野犬は絶滅しなかった。

おわりに

犬の史料は至る所に埋もれている。史料は玉石混淆《ぎょくせきこんこう》で断片的だが、名もない犬の歴史を調べている者にとって、石集めがけっこう楽しい。石を集めているうちに、昔の犬たちの生活が少しずつ見えてくる。

「江戸に多いもの、伊勢屋稲荷に犬の糞」

いつ、だれが言い出したのか、その答えはすぐに見つからなかった。江戸でそういわれた形跡はなかったが、膨大な江戸時代史料のごく一部を見ただけで「そういわなかった」と結論を出すわけにもいかなかった。「あった」ことは史料があれば証明できるが、「なかった」ことは証明するのが難しい。

「いわなかった」ことにかなりの確信を持ったのは、『黙阿弥全集』（春陽堂全二十八巻、大正十三―十五年刊）を調べ終わったあとだった。「犬も食れえもの（食うもの）があるから糞もたれらあ」（『蔦紅葉宇都谷峠《つたもみじうつのやとうげ》』、安政三年初演）。河竹黙阿弥はここまで書きながら、作中の江戸っ子に「伊勢屋稲荷に犬の糞」といわせなかった。江戸日本橋生まれの黙阿弥は明治になっても多数の芝居脚本を書いたが、とうとう作品中のだれ一人も、この言葉を口にしなかった。

江戸湯島生まれ、三遊亭円朝の『円朝全集』（春陽堂全十三巻、昭和一―三年刊）に目を通して、「いわなかった」ことへの確信はさらに深まった。「さア切るなら斬って見ろ、旗下《はたもと》（旗本）も犬の糞もあるものか」と「真景累ケ淵《しんけいかさねがふち》」（明治二十年速記）では高利貸しに「犬の糞」といわせているが、「政談月の鏡」（明治二十五年速記）では「江戸の名物は、武士、鰹、大名小路、広小路、茶見世、紫、火消、錦絵」といいながら、「伊勢屋稲荷に犬の糞」と付け加えなかった。

犬のことだけ調べていても、犬をめぐる社会状況が見えてこない。犬の史料調べは際限なく広がっていった。この言葉が気になり始めてずいぶんと長い年月がたったが、「江戸でいわなかった」という傍証はかなり集まった。そこで傍証に傍証を重ねて、この本を書くことにした。

意外な事実が犬の歴史には数多く埋もれている。町犬も村犬もすでにこの世にはいない。明治政府の近代化、欧米化政策によって絶滅に追い込まれた。そのことの是非を論じても、もはや意味がないだろう。日本の犬たちの近代は、すべての犬に飼い主がいて、それぞれが固有の名前を持つことから始まった。犬を飼うことによって人々は自らが生きている意味さえ思索するようになった。犬たちは今、伴侶動物（コンパニオン・アニマル）として、かつてない幸せな時を過ごしている。

この本に登場するのは、赤とか白とか黒とか斑《ぶち》とか、もっぱら毛色で呼ばれた近代以前の犬たちである。名もない犬たちが、どのように人と暮らし、生き、死んでいったか。忘れ去られ、顧みられることもない犬たちの歴史を、犬に成り代わって書き記しておきたかった。

文庫版あとがき

歴史的に見れば、ここ半世紀ほど日本の犬たちはかつてない幸せな時代に生きている。保護犬、殺処分その他いろいろ問題はあるにしても、現代の犬は人間社会の家族の一員としてその居場所を確保し、飼い主からわが子同様かそれ以上の愛情をそそがれ、人と変わらぬ暮らしをしている。名のない犬たちがどのように生きてきたのか、その歴史を調べてきた私からすれば、今の犬たちは奇跡の時代に生きている。

犬は猟犬として人とともに働き、番犬として家を守った。吉田兼好も『徒然草《つれづれぐさ》』（鎌倉時代末）で「犬は守り防ぐつとめ（務め）、人にも勝りたれば必ずあるべし」といっている。それなのに、犬はよくいわれることがなかった。無駄に死ぬのを「犬《いぬ》死《じに》」といい、密偵は「犬」と呼ばれ、悪逆非道の行いは「犬畜生」と同じとさげすまれ、つまらないものは「犬の糞」と馬鹿にされた。

人々が書き残した断片的な記述を拾い集めて、それを証言にしてこの本を書いた。なぜ犬は悪くいわれたのか、本当に悪かったのか、犬はどのような生活をしていたのか、そのことを明らかにしたかった。

この本を読んだ歴史学者から「これは奇書ですね」と手紙をいただいた。友人からは「よくあれだけのことを真面目に調べたね」といわれた。ほめられたようでもあり、そうでないようでもある。

江戸時代、犬たちがどのように暮らしてきたのか、簡潔に言い表すことは難しい。彼ら彼女たちが生きてきた時代、場所も違えば、共に生活をしてきた人々も違う。同じ大都市でも江戸の町は犬が多く、それに比べると大坂は少なかった。ところが江戸をぐるりと取り囲む農村部に行くと、犬の数は極端に減った。幕府、大名の鷹場があったため犬を飼うことにさまざまな制約があったからだ。

江戸時代中期以降、「犬はどこか遠くへ捨てなさい」と幕府は鷹場の村々に命じている。放し飼いの犬が鷹狩りの妨げになるからだ。農村部を追われた犬はいつの間にか江戸に集まる。犬は大消費地・江戸の町の残飯を食べることによって、生ごみ処理という大役も担っていた。その結果、江戸は生ごみの腐敗による悪臭から解放され、嫌われものの犬の糞が増えた。まっとうな歴史学では教えられることのない様々な事実をこの本では意識して書き込んだ。名もない人々の生活がそうであったように、犬が生きてきた道も平坦ではなかった。忘れ去られ、顧みられることもほとんどない、ありふれた犬の姿を記録に残しておきたかった。

主な引用図書・史資料一覧

＊本文中に日付、刊号を記載した新聞記事・雑誌、参考にした辞書・辞典などを除く。図版はそれぞれの個所に出典を明記した。

●はじめに

『鹿政談』（円生全集2、青蛙房）、季刊雑誌（季刊アニマ「狐」、平凡社）、大道寺友山『落穂集』（史籍集覧10、近藤出版部）、『玉露叢』上（江戸史料叢書、人物往来社）、田中丘隅『民間省要』（日本経済叢書1、同叢書刊行会）

●第一章

(1) 喜田貞吉『読史百話』（三省堂）、司馬遼太郎『川あさり十右衛門』（司馬遼太郎全集68、文藝春秋）、『落穂集』（前出はじめに）、大田南畝『竹橋余筆別集』（竹橋余筆、国書刊行会）

(2) 司馬遼太郎『赤坂散歩』（街道をゆく33、朝日新聞社）、岩井宏実『稲荷と狐、稲荷の絵馬』（民衆宗教史叢書3、雄山閣出版）、萩原龍夫『江戸の稲荷』（同）、宮田登『江戸町人の信仰』（江戸町人の研究2、吉川弘文館）、同『江戸の小さな神々』（青土社）、伊勢屋の川柳（江戸川柳散策・興津要、時事通信社）、『冠独歩行』（徳川文芸類聚11、国書刊行会）、河竹黙阿弥『文弥殺し（蔦紅葉宇都谷峠）』（黙阿弥全集1、春陽堂）、同『小猿七之助（網模様燈籠菊桐）』（黙阿弥全集3）、同『慶安太平記（樟紀流花見幕張）』（黙阿弥全集8）、同『髪結新三（梅雨小袖昔八丈）』（黙阿弥全集11）、『俚諺大成』（日本書誌学大系59、青裳堂書店）、喜田川守貞『守貞謾稿』（東京堂書店）、同『近世風俗志』（岩波文庫）、藤井乙男『俗諺論』（冨山房）

(3)『酒井伴四郎日記』(江戸東京博物館調査報告書23)、『謙徳公御夜話』(御夜話集下編、石川県図書館協会)、『誹風柳多留拾遺』(日本古典文学大系57、岩波書店)、『俳諧觹』(文化十二年刊、国立国会図書館蔵)、花咲一男『江戸厠百姿』(三樹書房)、荒木田守武の句『曠野集』(俳諧叢書7、博文館)、式亭三馬『浮世風呂』(日本古典文学大系63、岩波書店)、山東京伝『座敷芸忠臣蔵』(山東京伝集3、本邦書籍)、同『京伝予誌』(山東京伝集2、本邦書籍)、井上金峨『病間長語』(近古文芸温知叢書11、博文館)、旗本邸犬の糞事件(続徳川実紀1、吉川弘文館)、無宿亀五郎事件(近世法制史料集2、京都大学日本法史研究会編、創文社)、佐久間長敬『嘉永日記抄』(江戸6、教文舎)、高柳金芳『江戸時代御家人の生活』(雄山閣出版)

(4) 曲亭(滝沢)馬琴『南総里見八犬伝』(岩波書店)、同『馬琴日記』(中央公論社)、同『吾仏の記』『後の為の記』(曲亭遺稿、国書刊行会)、同『羇旅漫録』(日本随筆大成第一期1、吉川弘文館)、平亭銀鶏『街能噂』(国立国会図書館蔵)、『司馬江漢全集』第二巻(八坂書房)、十返舎一九『東海道中膝栗毛』(日本古典文学大系62、岩波書店)、『文政雑説集』(未刊随筆百種10、中央公論社)

(5) 雲鼓編『軽口頓作』(雑俳集成・元禄上方雑俳集、東洋書院)、『智恵車』の句(鈴木勝忠編・雑俳語辞典、東京堂出版)、川合忠蔵『一粒万倍穂に穂』(日本農書全集29、農山漁村文化協会)、宮永正運『私家農業談』(近世地方経済史料7、同史料刊行会)、ジョーンズ要望書(千葉県史料近代篇明治初期4、千葉県史編纂審議会編、千葉県)、内村鑑三『犬の糞』(内村鑑三全集5、岩波書店)、『日本書紀』(日本古典文学大系67、岩波書店)、『太神宮諸雑事記』(群書類従1、続群書類従完成会)、『延喜式』(交替式弘仁式延喜式前編・新訂増補国史大系、吉川弘文館)、『文保記』(羣書類従29、続群書類従完成会)、『お湯殿の上の日記』(続群書類従補遺、続群書類従完成会)、ケンペル『江戸参府旅行日記』(斎藤信訳、平凡社)、伊藤好一『江戸の夢の島』(吉川弘文館)、『東海道中膝栗毛』(第一章(4))、一筆庵主人『勧善懲悪稽古三味撰』(滑稽名作集下、博文館)、『日葡辞書邦訳』(イエズス会編、土井忠生ほか編訳、岩波書店)、『竹橋余筆別集』(第

一章(1)、『民間省要』(はじめに)、フィッセル『Bijdrage tot de kennis van het Japansche rijk.』(出版地アムステルダム、邦訳本は『日本風俗備考』平凡社)、杉田成卿ほか訳『日本風俗備考』(文明源流叢書3、国書刊行会)、『Fauna Japonica』(ファウナ・ヤポニカ、日本動物誌、出版地アムステルダム)

(6) 尾崎紅葉『伽羅枕』(春陽堂)、斎藤緑雨『日用帳』(明治文学全集28、筑摩書房)、『円生全集』(円生全集2、青蛙房)、市川柏筵・二代目団十郎『老のたのしみ』(近古文芸温知叢書1、博文館)、池田正樹『難波噺』(随筆百花苑14、中央公論社)、『猿源氏草紙』(日本古典文学大系38、岩波書店)、『古今著聞集』(日本古典文学大系84、岩波書店)、三遊亭円朝『政談月の鏡』(円朝全集1、春陽堂)、近松半二『妹背山婦女庭訓』(名作歌舞伎全集5、東京創元社)、禽語楼小さん『春日の鹿』(明治大正落語集成2、講談社)、正岡容『三遊亭円馬研究』(正岡容集覧、仮面社)、四代目三遊亭円馬『鹿政談』LP(昭和49年テイチク、国立国会図書館蔵)、岡谷繁実『名将言行録』(岩波文庫)、邑井吉瓶『鹿政談』(講談落語集、日吉堂本店)、竹の屋主人『鹿政談』(改良落語お笑ひ草、学友館)、桂米朝『鹿政談』(米朝落語全集4・創元社、特選米朝落語全集21・東芝EMI)、川路聖謨『寧府紀事』(川路聖謨文書2、日本史籍協会叢書59、東京大学出版会)、三代目三遊亭円遊『素人洋食』(明治大正落語集成1、講談社)、『三四郎』(夏目漱石全集、岩波書店)、正岡子規『日本の諺』(子規全集20、講談社)、『俚諺集覧』(近藤出版部)、鹿島万兵衛『江戸の夕栄』(中公文庫)

(7) 高村光雲『幕末維新懐古談』(岩波文庫)、島崎藤村『市井にありて』(島崎藤村全集15、新潮社)、井上正雄『大阪府全志』(清文堂出版)、正岡子規『糞の句』(子規全集5、講談社)、同『寒山落木』(子規全集2、講談社)

(8) 『諸問屋名前帳』(国立国会図書館編、湖北社)、『御府内寺社備考』(名著出版)、『町方書上』(国立国会図書館蔵。江戸東京博物館友の会翻刻、江戸町方書上・新人物往来社など)、『諸向地面取調書』(内閣文庫所蔵史籍叢刊、汲古書院)

●第二章

（1）『聖フランシスコ・ザビエル全書簡』（河野純徳訳、平凡社）、フロイス『ヨーロッパ文化と日本文化』（岡田章雄訳注、岩波文庫）、『ドン・ロドリゴ日本見聞録』（異国叢書8、村上直次郎訳注、雄松堂書店）、犬食い「法度」（藤堂高虎文書集、伊賀文化産業協会）、『永保記事略』（上野市古文献刊行会編、同朋舎出版部）、『会津藩家世実紀』（家世実紀刊本編纂委員会編、吉川弘文館）、「御壁書」内藤家藩法（藩法史料叢書4、創文社）、『町中諸事御仕置帳』（名古屋叢書3、名古屋市教育委員会）、寛永二十年刊『料理物語』（国文研データセット）、『御仕置裁許帳』（近世法制史料叢書1、弘文堂書房）、中村文左衛門『上山三家見聞日記』（上山市史編さん委員会編）、『桃源遺事』（続々群書類従3、国書刊行会）、貝原益軒『大和本草』（益軒全集6、国書刊行会）、佐藤信淵『経済要録』（日本経済大典18、明治文献）、岡村良通『寓意草』（続日本随筆大成8、吉川弘文館）、斎藤月岑『武江年表』（増訂武江年表、平凡社）、『兎園会集説』（近古文芸温知叢書11、博文館）、水野為長『よしの冊子』（随筆百花苑8、中央公論社）、篠田鉱造『増補幕末百話』（岩波文庫）

（2）赤犬の川柳（粕谷宏紀編『新編川柳大辞典』、東京堂出版）、大田南畝『一話一言補遺』（日本随筆大成別巻一話一言6、吉川弘文館）、山川菊栄『おんな二代の記』（平凡社）、児玉源太郎『熊本籠城談』（階上岑夫編、白土幸力）、徳冨蘆花『みみずのたはこと』（岩波書店）

●第三章

（1）『似我蜂物語』（仮名草子集成33、東京堂出版）、『草加市史・資料編3』（草加市史編さん委員会編、草加市）、『伊達氏御成敗式目』（仙台市史資料編1、仙台市史編さん委員会編、仙台市）、『新修鷹経』（羣書類従19、続群書類従完成会）、吉田兼好『徒然草』（日本古典文学大系30、岩波書店）、『養鷹秘抄』（続群書類従19、続群書類従完成会）、『信長公記』（改訂史籍集覧19、臨川書店）、『豊鑑』（羣書類従20、続群書類従完成会）、『徳川実紀』（徳川実紀1、吉川弘文館）、大道寺友山『岩淵夜話別集』（大日本思想全集3、同刊行会）、『駿府記』『当代記』（史籍雑纂2、国書刊行会）、浅井了意『浮世物語』（日本古典文学大系90、岩波書店）、『吾妻鏡』（貴志正造訳・全訳吾妻鏡3、新人物往来社）、大久保彦左衛門『三河物語』（日本思想大系26、岩波書店）、高倉胤明『田制考証』（近世地方経済史料8、吉川弘文館）

(2)『古郷物語』（国史叢書19、国史研究会）、『黒田長政遺言』（日本思想大系27、岩波書店）、『黒田続家譜』（新訂黒田家譜2、文献出版）、『三奈木黒田家文書』『梶原家文書』『吉田家文書』（福岡県史近世史料編2・福岡藩初期下、西日本文化協会）、『栗山大膳』（森鷗外全集4、筑摩書房）、ホイットニー『クララの明治日記』（講談社）

(3)『可笑記』（仮名草子集成14、東京堂出版）、石川久徴『桃蹊雑話』（協文社）、『会津藩家世実紀』（第二章(1)）、『養鷹秘抄』（第三章(1)）、田辺藩餌犬（紀州田辺万代記1、田辺市教育委員会編、清文堂出版）、山口村餌犬（日本林制史資料29、朝陽会）、熊本藩餌犬（熊本県史料集成11、日本談義社）

●第四章

(1)『続日本後紀』（新訂増補国史大系、吉川弘文館）、藤原実資『小右記』（大日本古記録、東京大学史料編纂所、岩波書店）、藤原宗忠『中右記』（大日本古記録、東京大学史料編纂所、岩波書店）、北畠親房『神皇正統記』（日本古典文学大系87、岩波書店）、『日本三大実録』（武田祐吉・佐藤謙三訳、訓読日本三大実録、臨川書店）、『日本紀略』（新訂増補国史大系、吉川弘文館）、藤原忠実『殿暦』（大日本古記録、東京大学史料編纂所、岩波書店）、藤原兼実『玉葉』（国書刊行会）

(2)『小右記』（第四章(1)）、『侍中群要』（続々群書類従7、国書刊行会）、清少納言『枕草子』（日本古典文学大系19、岩波書店）、萩谷朴『枕草子解環』（同朋舎出版）、源顕兼『古事談』（新日本古典文学大系41、岩波書店）、藤原忠実『中外抄』（新日本古典文学大系32、岩波書店）、『中右記』（第四章(1)）、順徳天皇『禁秘鈔』（羣書類従26、続群書類従完成会）、

『保元物語』（日本古典文学大系31、岩波書店）、『平家物語』（日本古典文学大系32、岩波書店）、『源平盛衰記』（日本文学大系16、国民図書）、『日葡辞書邦訳』（第一章(5)）

(3) 空海『三教指帰』『性霊集』（日本古典文学大系71、岩波書店）、鴨長明『方丈記』（日本古典文学大系30、岩波書店）、今長明『犬方丈記』（仮名草子集成4、東京堂出版）、『徒然草』（第三章(1)）、『犬つれ〴〵』（江戸時代文芸資料4、図書刊行会）、『犬枕』（仮名草子集成5、東京堂出版）、『犬筑波集』（山崎宗鑑編、古典俳文学大系1、集英社）、『新増犬筑波集』（松永貞徳編、古典俳文学大系1、集英社）、源俊頼『散木奇歌集』（校註国歌大系13、講談社）、荒木田守武『守武千句』（古典俳文学大系1、集英社）、松平家忠『家忠日記』（続史料大成19、臨川書店）、『続山井』（古典俳文学大系2、集英社）、牧野富太郎『日本植物図鑑』（北隆館）、『大和本草』（第二章(1)）、上野犬桜（百草、日本随筆大成第三期9、吉川弘文館）、寺島良安『和漢三才図会』（日本庶民生活史料集成29、三一書房）、『和漢三才図会』（島田勇雄ほか訳、平凡社）、小野蘭山『本草綱目啓蒙』（重修本草綱目啓蒙、国立国会図書館デジタル・犬蓼同書35巻11）、『夫木和歌抄』（古事類苑植物2、同刊行会）、深根輔仁『本草和名』（日本古典全集・本草和名、日本古典全集刊行会）、源順『倭名類聚鈔』（宝文堂、国立国会図書館デジタル）、『徒然草』（第三章(1)）、『吾妻鏡』（第三章(1)）、『太平記』（日本古典文学大系34～36、岩波書店）

(4) 『町中諸事御仕置帳』（第二章(1)）、『是楽物語』（新日本古典文学大系74、岩波書店）、近松門左衛門『冥途の飛脚』（日本古典文学大系49、岩波書店）、竹田出雲ほか『仮名手本忠臣蔵』（名作歌舞伎全集2、東京創元社）

●第五章

『東京市史稿』（産業篇7～10、東京都）、『江戸町触集成』（塙書房）を基礎史資料として使用。

(1) 小宮山綏介『府内の人口』（江戸旧事考2、江戸会）、岡山犬飼い禁止（岡山県史21国富家文書、岡山県）、広島野犬退治(新修広島市史7、広島市)、松村安一『江戸に於ける大八車』(経済史研究27巻3号、同6号)、『御仕置裁許帳』(第二章(1))、『正宝事録』(近世史料研究会、日本学術振興会)、『撰要永久録』(日本近代立法資料叢書28、商事法務研究会)、小宮山綏介『徳川太平記』(博文館)、戸田茂睡『御当代記』(平凡社)、『御府内寺社備考』(第一章(8))、『蕉門俳人書簡集』(飯田正一編、桜楓社)、松浦静山『甲子夜話』(甲子夜話1・巻14、平凡社)、『内安録』(近古文芸温知叢書3、博文館)、『撰要永久録御触留』(同第一巻、国立国会図書館)

(2)『伊勢町元享間記』(鼠璞十種下、中央公論社)、犬小屋十万頭『徳川実紀』(徳川実紀6、吉川弘文館)、『政隣記』(加賀藩史料4、清文堂出版)、柳沢吉保『楽只堂年録』(楽只堂年録4、八木書店古書出版部)、『正宝事録』(正宝事録9、国立国会図書館蔵)、新井白石『折たく柴の記』(岩波文庫)、『落書類聚』(江戸時代落書類聚上、東京堂出版)、『民間省要』(はじめに)、『中野養育金之義』(竹橋余筆、国書刊行会)

●第六章

『徳川実紀』7巻〜9巻(吉川弘文館)、『御触書寛保集成』『御触書宝暦集成』『御触書天明集成』(岩波書店)、『東京市史稿』(産業篇11〜21、東京都)、『江戸町触集成』(塙書房)などを基礎史資料として使用。

(1)『平川家文書』(大田区史資料編平川家文書1、大田区)、『町方書上』(町方書上・白金村、国立国会図書館蔵)、『民間省要』(はじめに)、『会田落穂集』(埼玉県史料集4、埼玉県立浦和図書館)、鷹場記録(浦和市史3近世資料編1、春日部市史3近世史料編3、新編埼玉県史資料編17、草加市史資料編1、同3、川越市史史料編近世3、板橋区史資料編3、鷹場1・小平市史料集21、柏市史資料編9など)、大郷信斎『道聴塗説』(鼠璞十種下、中央公論社)

(2)柳沢信鴻『宴遊日記』(日本庶民文化史料集成13、三一書房)、暁鐘成『犬の草紙』(翁丸物語・犬の草紙、絵入文庫23)、『万年代記帳』(福岡県史近世史料編11、西日本文化協会)、『草間伊助筆記』(大阪市史5、清文堂出版)、神沢杜口『翁草』（日本随筆大成第三期20、吉川弘文館）、勝小吉『夢酔独言』（平凡社）、井原西鶴『本朝二十不孝』（新日本古典文学大系76、岩波書店）、津村淙庵『譚海』（日本庶民生活史料集成8、三一書房）

●第七章

(1) オールコック『大君の都』（山口光朔訳、岩波文庫）、フォーチュン『Yedo and Peking. A narrative of a journey to the capitals of Japan and China.』（出版地ロンドン、邦訳本・江戸と北京）、フレミング『Travels on horseback in Mantchu Tartary,being a summer's ride beyond the great wall of China』（出版地ロンドン、満州騎馬旅行記）、オリファント『Narrative of the Earl of Elgin's mission to China and Japan in the years 1857, '58, '59』（出版地エジンバラ、邦訳本・エルギン卿遣日使節録）、『ファウナ・ヤポニカ』（第一章(5)）

(2) 悪犬狩り（神奈川県史料1、類聚大阪府布達全書、京都府布達要約、大分県史史料叢書4）、『畜犬規則』（警視類聚規則・坤、内務省警視局、東京市史稿市街篇65）、正岡子規『洋犬ノ説』（子規全集9、講談社）、『読書入門』（読書入門・小学校教科用書、文部省編輯局）、山形県・畜犬取締規則（現行警察法規、山形県警察部）、松森胤保『両羽博物図譜』（両羽博物図譜の世界、酒田市立図書館デジタル）、饗庭篁村『三筋町の通人』（日本近代文学大系47、角川書店）、幸田露伴『一国の首都』（露伴全集27、岩波書店）、『開化一口話』（明治文化全集別巻・明治事物起原、日本評論社）、幸田露伴『日ぐらし物語』（露伴全集1、岩波書店）

●おわりに

河竹黙阿弥『蔦紅葉宇都谷峠』（第一章(2)）、三遊亭円朝『真景累ケ淵』（円朝全集1、春陽堂）

＊本書は、二〇一六年に当社より刊行した『伊勢屋稲荷に犬の糞　江戸の町は犬だらけ』を改題・補筆し、文庫化したものです。

草思社文庫

犬たちの江戸時代

2019年8月8日　第1刷発行

著　者　仁科邦男

発行者　藤田　博

発行所　株式会社 草思社

〒160-0022　東京都新宿区新宿1-10-1
電話　03(4580)7680(編集)
　　　03(4580)7676(営業)
　　　http://www.soshisha.com/

本文組版　鈴木知哉

本文印刷　株式会社 三陽社

付物印刷　株式会社 暁印刷

製 本 所　株式会社 坂田製本

本体表紙デザイン　間村俊一

ISBN978-4-7942-2408-8　Printed in Japan